墨香财经学术文库

"十二五"辽宁省重点图书出版规划项目

U0674519

Research on the Influence
of Price Regulation of Medical
Service on Health Expenses Control

医疗服务价格规制
对控制卫生费用的影响研究

赵建国 李贤儒 李自炜 ◎ 著

东北财经大学出版社
Dongbei University of Finance & Economics Press

大连

图书在版编目（CIP）数据

医疗服务价格规制对控制卫生费用的影响研究 / 赵建国，李贤儒，李自炜著.
一大连：东北财经大学出版社，2019.12
（墨香财经学术文库）
ISBN 978-7-5654-3718-2

Ⅰ．医… Ⅱ．①赵… ②李… ③李… Ⅲ．卫生服务-价格-研究-中国
Ⅳ．R199.2

中国版本图书馆CIP数据核字〔2019〕第296313号

东北财经大学出版社出版发行

　　大连市黑石礁尖山街217号　邮政编码　116025

　　网　　址：http://www.dufep.cn

　　读者信箱：dufep @ dufe.edu.cn

大连永盛印业有限公司印刷

幅面尺寸：170mm×240mm　字数：153千字　印张：11.5　插页：1
2019年12月第1版　　　　　　　　　2019年12月第1次印刷
责任编辑：田玉海　吴　奂　刘　佳　责任校对：贺　校
封面设计：冀贵收　　　　　　　　　版式设计：钟福建
定价：42.00元

教学支持　售后服务　联系电话：（0411）84710309
版权所有　侵权必究　举报电话：（0411）84710523
如有印装质量问题，请联系营销部：（0411）84710711

本书为

　教育部人文社会科学重点研究基地重大项目（15JJD790002）研究成果

作者简介

赵建国，1973 年 8 月生，现任东北财经大学副校长，教授，博士生导师。主要从事就业与社会保障、公共管理方面的教学和科研工作。全国霍英东高校优秀青年教师奖获得者，辽宁特聘教授，辽宁省教学名师，辽宁省"百千万人才工程"百人层次人才，辽宁省高等学校优秀人才，辽宁省省级重点学科负责人。

近年来，先后在国家级核心期刊发表学术论文 110 余篇，有 10 余篇论文被 SCI、EI 收录。出版专著及译著 9 部，主编教材 14 部，主持国家级课题 6 项，主持省部级课题 20 余项，获得国家级科研奖励 4 项、省级科研奖励 20 余项。

李贤儒，1979 年 7 月生，东北财经大学公共管理学院行政管理专业博士，主要研究方向为公共政策、政府规制。现任抚顺市经济合作发展服务中心副主任。在国内 CSSCI 期刊发表学术论文 2 篇，先后参与国家社会科学基金项目、教育部人文社科项目和辽宁省社科基金项目研究。

李自炜，1984 年 4 月生，东北财经大学公共管理学院行政管理专业博士，现为广东金融学院公共管理学院专任教师。主要研究方向为政府治理、社会保障等。在国内外核心期刊发表学术论文多篇，先后参与或主持国家自然科学基金青年项目、广东省教育厅青年创新人才项目等研究。

前言

    自改革开放以来，中国的医疗卫生事业获得了长足的发展，人民的健康状况也得到了明显改善，政府始终将提升医疗服务质量作为医疗体制改革的重点内容。"新医改"以来，我国的综合医疗卫生事业发展迅猛，医药卫生体制改革进入深水区，各级公立医院的综合医疗服务能力获得显著提升，对医药市场的监督工作也取得了长足的进步。随着医疗体制改革的推进，我国城乡居民的人均预期寿命已达到77岁、孕产妇和初生婴儿死亡率明显下降，这些都是我国深化医药卫生体制改革、医疗服务质量明显上升的直接成果。

    然而，我国医药卫生体制改革的效果并不是尽善尽美的，人民群众的就医负担仍然比较沉重。在全国层面，截至2018年底，我国的医院次均门诊费用为274.1元，同比增长6.7%；人均住院费用为9 291.9元，同比增长4.5%。在基层层面，2018年的社区卫生服务中心和乡镇卫生院次均门诊费用分别为132.3元和71.5元，按照当年可比价格计算的增幅分别为13.1%和7.5%；社区卫生服务中心的人均住院费用为1 834.2元，上涨6.8%，乡镇卫生院人均住院费用为730.7元，下降了2.4个百分点。可以看出，医疗服务质量上升的同时，人民群众的医疗负担并没有减轻。无论是在全国层面还是基层层面，我国的人均门诊费用和人均住院费用均明显上涨。与此同时，居民对医疗服务的满意度未获得显著提升。相对于医疗服务成本的快速增长，医疗服务质量的提升对整个医疗卫生体系的发展和居民健康改善都具有非常重要的意义。

中国医疗卫生事业的快速发展对医疗保障事业做出了巨大贡献，表明政府管理对我国卫生事业发展具有非常巨大的作用。但其中也出现了一些民众极为关心的问题，诸如"看病难""看病贵""医患矛盾""医疗质量危机"等。而这些问题的成因是什么？政府相应的解决政策是否有效？本书通过研究政府对医疗服务的经济性规制政策，分析其对医疗服务市场中的价格及质量的影响，对此做出了一定回应。由于医疗市场中存在自然垄断，会出现个别大型医疗机构垄断区域内几乎所有的重要医疗资源的现象。医疗机构也会出现为追求自身利益而间接增加患者医疗负担或过度使用医疗保障资源的现象。而政府规制是医疗服务市场中最常见的政府行为之一，通过政府的有效规制，可以保障医疗产品及服务供给的安全、有效和公平，抑制医疗服务市场中的不合理诊疗行为，保护患者的合法权益。但政府并非万能，政府的规制政策也非绝对有效。政府制定规制政策并实施后，往往会出现一些负面的效果，这主要是由于政策本身及执行过程可能出现偏差，政府规制也会出现"失灵"现象。政府规制不合理的负面效应，往往比市场失灵的后果更加严重。本书在上述现状分析的基础上，从实证层面系统地评估政府的经济性规制对医疗服务成本控制和医疗服务效率的影响。

本书首先介绍了研究背景和研究意义，完成了概念界定和文献综述。其次，本书分析了中国医疗服务规制历史沿革及发展，将其划分为若干历史阶段进行系统分析。再次，本书从实证层面上分析了医疗服务价格规制、医疗服务准入规制的影响。最后，提出研究结论和展望。

本书以8个章节进行论述，具体为：第1章，绪论；第2章，相关概念与理论基础；第3章，中国医疗服务规制的历史沿革与发展；第4章，医疗服务价格规制对医疗服务效率的影响；第5章，医疗服务准入规制对医疗服务效率的影响；第6章，价格规制对医疗费用控制的区域差异分析；第7章，经济性规制对医疗服务质量影响的机制分析；第8章，结论、建议与展望。

本书包括以下四个主要的创新点：

第一，在对医疗服务价格规制对控制卫生费用影响研究的基础上，本书的研究进一步将市场准入规制、医疗服务的效率和质量纳入研究的框架之中。其原因主要是价格规制常与市场准入紧密联系，而医疗费用控制体现了医疗服务的运行效率，更会对医疗服务质量产生影响。因此，在实际研究过程中，逐步扩展了研究的范围和内容，将价格规制与准入规制相结合，深化了对政府规制的理解；将医疗费用控制与医疗服务运行效率及质量相结合，拓展了对"控费"和"增效"关系的认识；深化了研究的基本思路和研究方向。

第二，本书基于政府规制理论，探讨了我国医疗服务的政策规制对医疗服务效率的影响，这与既往研究中仅注重医疗服务政府规制政策的理论性规范研究不同，更系统地分析了医疗服务价格规制和准入规制的实际政策效应，从而拓展了以往理论文献仅仅强调政府规制必要性或形式的分析视角。

第三，丰富了政府医疗服务规制的研究内容。本书从政府规制对医疗服务质量影响的视角进行实证分析，深入分析了价格规制和市场准入规制对医疗服务效率的影响，对政府医疗服务价格规制政策的有效性进行了合理的验证，进一步阐释了医疗服务经济规制的政策效果，丰富了对医疗服务价格规制效果的相关研究，而且对医疗服务价格规制政策存在的合理性及必要性提供了一定的解释作用，这也为在政府医疗服务价格规制情境中，如何界定规制的范围及边界，如何更有效地规制拓展了一个新的理论视角。

第四，拓展了医疗服务规制的政策机制研究。现有文献对医疗服务规制的研究主要集中于对规制的直接政策影响进行分析，而政府医疗服务经济规制的政策效应尚缺乏深入的实证研究。本书在理论分析基础上，以实证方法考察"过度诊疗"的发生机制及医疗服务主体的逐利行为，为剖析医患矛盾的产生根源提供了一个新的研究视角，为控制医疗成本的不合理增长的研究提供了新的理论基础。同时，本书的研究进一步发现价格规制和准入规制政策的传导机制，更充分肯定了医疗服务市场化改革的必要性，这为研究医疗服务多元供给和医疗卫生体制改革提供了有力的实证基础，为我国医疗卫生体制改革及医疗体制改革过程中政府治理工具的合理使用提供了有益借鉴。

赵建国

2019 年 12 月

目录

1 绪论

1.1 研究背景

自改革开放以来，中国的医疗卫生事业获得了长足的发展，人民的健康状况明显改善，政府也始终将提升医疗服务质量作为医疗体制改革的重点内容。2009 年，国务院发布《关于深化医药卫生体制改革的意见》，更体现了我国政府深化医药卫生体制改革的坚定决心。该意见明确了我国应建立科学合理的医药价格形成机制，通过经济规制的方法控制医疗费用的不合理增长。尤其自党的十八大以来，我国的综合医疗卫生事业发展迅猛，医药卫生体制改革进入深水区，各级公立医院的综合医疗服务能力获得显著提升，对医药市场的监督工作也取得了长足的进步。医疗服务质量提升的直接表现是：在人均预期寿命方面，我国在 2019 年公布的人均预期寿命已经达到了 77 岁，而 20 世纪 40 年代末的人均预期寿命仅为 35 岁，我国的人均预期寿命 70 年以来已经提高到了原来的 2 倍多；其他方面，孕产妇和初生婴儿的死亡率已经显著下降。这些都是我国深化医药卫生体制改革的直接成果。

然而，我国的医药卫生体制改革效果并不是尽善尽美的，人民群众的就医负担仍然比较沉重。在全国层面，截至2018年底，我国的医院次均门诊费用为274.1元，同比增长6.7%；人均住院费用为9 291.9元，同比增长4.5%。在基层层面，2018年的社区卫生服务中心和乡镇卫生院次均门诊费用分别为132.3元和71.5元，按照当年可比价格分别增长13.1%和7.5%；社区卫生服务中心的人均住院费用是1 834.2元，上涨6.8%，乡镇卫生院人均住院费用为730.7元，下降了2.4个百分点。可以看出，医疗服务质量上升的同时，人民群众的医疗负担并没有获得有效的减轻。无论是在全国层面还是基层层面，我国的人均门诊费用和人均住院费用均明显上涨。需要注意的是，目前仅有乡镇卫生院的人均住院费用呈现了下降趋势，这一方面说明我国基层医疗体制改革率先获得一定的成效，另一方面也可能说明基层医疗服务水平欠缺，只能满足人民群众基本的医疗需求，而住院一般属于较大的疾病，因而也与医疗服务质量欠缺存在一定联系。总而言之，我国的医疗服务质量虽然获得了较大发展，但也面临着较大挑战。

在提升医疗服务质量的政策工具上，政府的经济性规制是重要的政策措施。2016年12月，国务院下发了《"十三五"深化医药卫生体制改革规划》，明确了通过相关规制手段进一步控制医药费用的不合理增长，并逐步将其稳定在合理的水平上。党的十九大指出，实施健康中国战略。健康中国战略是立足于全局事业的发展规划，也是对医疗服务质量的本质要求。这是因为，良好的健康水平不仅体现在日常行为习惯的养成上，也取决于以医疗服务质量为核心的医疗事业发展。所以，健康中国战略决定了我国政府必须不断改革医疗卫生体制，建立人民群众满意的医药卫生体制。在提升医疗服务质量的政策选择上，政府在经济规制上主要体现在约束公立医院的医疗服务定价以及提高医疗服务质量方面。

基于上述研究背景，政府对医疗卫生体制的经济规制效果如何，目前尚没有文献做出一个正面的回答。如果忽略这一问题，将会严重制约我国医药卫生体制改革的深化。因而本书在上述分析的基础上，从实证层面系统地评估政府的经济性规制对医疗服务质量的影响。

1.2 研究目的和意义

1.2.1 研究目的

本书研究医疗服务价格规制对控制卫生费用的影响，关注经济规制对我国医疗服务效率的影响，具体分析价格规制和准入规制这两种规制方式对医疗服务质量的影响，结合理论研究和实证研究分析其效果，并对其进一步改进和优化提出相应的政策建议。在此基础上，充分认识当前医疗改革过程中所存在的重点和难点问题，并通过有效的价格规制化解医疗服务成本过快增长问题，进而推进医疗服务机构改革，以市场化促进规制改革，让社会基本医疗服务回归公益性。通过市场化改革有效推动医疗服务多元化发展，市场调节机制作为基础，政府发挥法律规范和市场监督作用，减少直接的行政性规制，建立公平合理的医疗服务价格体系。完善社会性规制措施和法律政策，在增加医疗服务供应主体的同时，强化社会监督，实行有管理的市场化，保障医疗资源的充分利用和医疗服务效率的提高。

1.2.2 研究意义

1.理论意义

第一，国外学者关于政府规制的理论研究已经十分深入并且颇为细致，但国内相关研究仍存在不足。近年出现了一些相关的实证研究，但更多是微观层面的研究。在整体上，理论研究仍存不足。本书从规制理论出发，探讨政府医疗服务经济规制政策对医疗服务质量的影响，丰富了国内关于医疗服务规制理论宏观层面的研究。

第二，本书立足于现有文献，通过系统阐述已有文献的研究特征和不足，为研究提供强有力的理论支撑。本书从政府的经济性规制角度，考察其对医疗费用控制和医疗服务效率的影响，这是系统评估政府经济性规制的效果，对于提升我国医疗服务效率具有重要的指导意义。

第三，随着我国医药体制改革进入深水区，人民群众的就医满意度有了明显的提升，政府不断深化医药卫生体制改革，破除不符合经济社会发展规律的制度痹症，对我国社会经济发展做出了重要贡献。本书对于提高新时代人民群众的满足感、获得感和安全感具有重要的理论借鉴。这是因为，医疗服务效率向来是关系人民群众就医看病、维护健康的根本利益，医疗服务效率直接影响医疗费用及成本的控制，也对医疗服务质量具有影响。所以从理论上讲，本书的研究对于提升民众对现有医疗体系的满意度具有重要的理论借鉴。

2.实践意义

首先，本书的研究能为政策的制定和实施提供一定的现实依据。本书通过对政府经济规制影响医疗服务效率进行评估，能够比较清晰地呈现当前经济规制的效果，也为政府下一步的改革提供了一定的现实依据。其次，通过解决实证过程的内生性问题，为本书的研究结论提供一个稳健的、一致的估计结果。本书的特色在于，能够比较全面地评估样本的内生性，内生性问题如果没有有效解决，则会导致估计结果的偏差，这一点在本书的具体研究中予以了充分考虑。再次，本书从医疗服务价格规制、医疗服务准入规制、经济性规制的影响机制三个层面，考察政府经济性规制的影响效果，研究内容比较全面，构建的指标比较合理，能够为今后学术界提供一定的借鉴。最后，对政府经济性规制进行合理的改革和完善，不仅有利于改善人民群众就医负担压力大的现实困境，而且可以为和谐社会建设提供切实可行的依据。

1.3 国内外研究综述

1.3.1 国外研究综述

医疗服务市场具有特殊性。肯尼斯·阿罗（Kenneth Arrow，1963）在论文《不确定性和医疗保健的福利经济学》之中已有论述。由于疾病的不可预测与高风险，医疗产品和服务的需求往往是不规则、不稳定的。医疗知识的复杂性导致医疗产品的最终效用存在不确定性，此外，医疗市场中存在信息不对称的现象，这一条件下的多重委托代理关系会加剧医疗市场失灵。医疗行业存在普遍的歧视性定价，偏离竞争准则而形成一种集体垄断机制，其直接后果是诱导消费和医疗费用上涨。公立医院在医疗服务体系中被赋予特定的社会责任：以非营利方式向社会提供公共医疗产品和服务。医疗服务市场中的自然垄断性特征导致了行业内竞争的低效率，对医疗服务实施规制是为有效规避医疗服务市场运作风险，实现公共医疗服务公共利益目标而采取的有效政府政策工具，可以提高社会整体福利（Owen and Braeutigam，1978）。因此，大多数政府在治理医疗市场过程中均采用规制作为合理的政策工具。

1. 早期的研究

Ramesh 通过分析新加坡政府在 20 世纪 80 年代中期开始的公立医院改革，发现由于授予公立医院管理自治权，医院间的竞争增加了患者支付比例和管理费用，增加了公共医疗支出。20 世纪 90 年代中期，政府开始重新加强控制，强调管理自治与强有力的政府指导。通过评估自治权和控制机制，发现公立医院能够提供有效的医疗服务，依赖市场竞争需要更多的国家干预，市场竞争可以提高经济效率和消费者满意度，医疗改革具有政策可行性，政府的持续监督和协调极为重要。只有建立医院自主与政府控制有效结合机制，公立医院绩效才能得以提高（Ramesh，2008）。费尔德斯坦认为（Feldstein，1988），部分医疗卫生产品具有公共产品属性，虽然还有很大一部分不具有公共产品的属性，但因医疗卫生服务具有很强的正外部性，从本质来看，医疗卫生服务产品具有准公共物品的属性，无法按照"谁受益，谁分担"原则承担成本。

阿罗（Arrow，1963）认为，医疗服务供需之间的信息不对称和医疗保健的不确定性，医疗服务技术的专业性和复杂性使医疗机构和医生具有信息优势。医生对患者的病情和治疗计划有更好的了解，并且知道如何为病人提供更多的服务以获得高报酬。医疗机构也希望患者在治疗上花费更多的钱来增加收入。患者相对处于信息劣势地位，对于不同的医疗机构和医生提供的治疗方案、预期结果等在价格水平、服务质量方面的差异无法甄别，只能由医疗服务提供者做出决策。患者为了早日康复，不敢忽视供应商的要求，这可能导致供给诱导需求问题。谢恩和罗默最早发现医疗服务领域的供给诱导需求现象（Shain and Roemer，1959）。他们在研究中发现，一定时期内医院的床位数和住院人数间存在正相关关系。这一现象被称为罗默法则，即"只要增加新的床位，就有患者使用它"。埃文斯（Evans R G，1974）在罗默的研究基础上进一步提出，医生和病人之间存在显著信息差异，医患间信息不对称允许医生对自身服务的需求施加直接的、非价格的影响，而医疗需求的供方引导会导致"反常"的价格反应，并增加供应数量和提高需求价格。对美国和加拿大医疗服务市场的实证研究发现，医疗服务市场的特殊性导致传统供需关系的失灵，限制价格通胀、纠正"短缺"或其他抑制政策不能建立在传统的供求模型的基础上，市场化会导致医疗市场资源配置效率低下。

公共利益规制理论认为，医疗服务领域的市场失灵不容易通过某种形式的竞争加以纠正，应加强政府对医疗服务市场的监管。莱弗勒（Leffler，2000）认为医生在均衡区间内只获得少量的租金，不同国家实施的医疗服务许可标准的差异与消费者干预需求的理由一致，是对获取医疗质量信息成本做出的政策反应。可以选择取消国家干预、认证，保留许可证制度。莱因哈特（Reinhardt，1989）对传统经济学理论分析医疗服务市场的结论提出质疑，经济学的研究方法经常被滥用，如果医疗服务市场中供给方对消费者需求起决定性作用，那么市场机制将不能产生公平的均衡价格并实现资源的最优配置，如果供给诱导需求导致市场失灵，政府规制便成为医疗服务治理的可行政策选择，"更高效率"是一种抽象的矛盾修辞，医疗保健服务的特殊性要求更关注社会分配的公平性。

2.价格规制的政策效应研究

（1）费率管控的政策效应

医疗服务价格规制是医疗服务市场最常见的经济规制方式。自20世纪70年代，美国一些州开始采用设定费率的定价制度这种价格规制形式。早期关于设置费率的研究主要集中在其对医疗保健费用的影响方面。

比利斯等（Biles et al., 1980）认为早期对国家控制住院费用评估导致结论的有效性"令人沮丧"。为了确定自那时以来成本监管是否有所改善，通过对1970年至1978年期间，拥有全面的法律规定的医院费率制定计划的六个州与没有此类计划的州的比较，发现医院成本年均增长率存在显著差异，医院费率制定计划有效性的最初悲观态度可能是没有根据的。梅尔尼克等（Melnick et al., 1981）通过评估医院住院费率规制和价格调控效果，发现价格规制能有效地降低医院运营成本的增长率。斯隆（Sloan, 1983）认为医疗保健费率规制能有效控制医疗保健费用的增长，缓解各级政府面临的新的财政预算压力。莫里西等（Morrisey et al., 1983）对美国医疗保健费率管控的地区进行比较分析，发现各州的规制效果存在差异，新泽西州和纽约州的规制效果更显著。关于费率设置的争论不断扩大，问题争议不在规制是否应该被实施，而是应考虑任何给定管辖权的政治体制和政治环境，所实现的目标的可能性是什么。

德兰诺夫和科恩（Dranove and Cone, 1985）对上述研究结论提出质疑，试图确定观察到的医疗服务成本节约是否是由于"监管成功（Regulatory Success）"或"均值回归（Regression to the Mean）"，这可能导致对医疗费用总体预测和州际间分析的有效性出现偏误。通过对48个州12年的医疗成本变化进行分析，发现医疗成本确实倾向于向平均值显著回归，从相对成本高而开始实施费率规制的州在分析期间内可能会出现低于平均成本增长的情况可以看出，医疗服务成本高的地区规制效果可能更明显。某些"天真"的研究可能错误地将纽约部分或全部支出增长放缓归因于其费率规制政策的成功。其结论对莫里西等人的研究结果提出了怀疑，但并没有完全否定规制控费理论总体估计的有效性。

梅尔尼克等（Melnick et al., 1995）在此前研究基础上进一步比较了两种卫生支出控费政策方法：基于竞争的管理式医疗和州政府的费率监管。通过具有促进竞争政策的加利福尼亚州与美国全国平均水平以及四个已建立监管计划的州相比，加利福尼亚州医生服务和药物支出的实际人均支出增长率显著低于全国水平和费率规制州，认为适当结构化的竞争方法在控制卫生支出方面发挥着更优越的作用。梅尔尼克在其后续研究中对两种基础方案、医院费率规制和许可证明的效果进行了评价。通过对 1975—1979 年期间的医院费用、平均住院费用、总入院率和年均增长率的独立影响进行评估，发现在这些措施中，任何一项都没有效果。医院费率规制降低了平均成本增长率，但这一减少并没有显著降低医院的总费用。

施耐德（Schneider，2003）在其他医院监管研究的基础上，将分析窗口扩展到 20 世纪 90 年代中期，医院费率监管的成本控制效应减弱，而市场竞争的成本控制效应增强。这些发现增加了对其他人（例如，McDonough，1997）提出的论点的支持，即随着监管的成本控制效应减弱以及可行的组织替代方案——竞争性合同的成本控制效应的增强，医院费率监管的机会成本增加。纽豪斯（Newhouse，1988）通过医疗价格的时间序列的测量表明过去十年的监管和竞争举措正在产生预期效果。斯蒂格勒（George Stigler）断言政治中群体规模收益递减的规律：在某种程度上，稀释人均转移会产生相反的效果。佩尔兹曼（Peltzman，1976）将这个模型形式化，发现使用政治过程的成本不仅限制了主导群体的规模，还限制了他们的收益，以及从监管中产生的价格–产出结构。

（2）绩效性规制的政策效应

20 世纪 80 年代以来，发达国家逐渐改变传统的以投入为衡量基础的费率规制方式，转向以绩效为核心的产出或结果衡量指标实施规制。1983 年美国联邦政府最早在医疗照顾计划（Medicare）中实行"按病种预付诊疗费用（Diagnosis Related Groups，简称 DRGs）"机制，这种机制的核心内容是：①疾病按诊疗费用分组；②疾病费用组平均诊疗费用估算；③按病种向医院支付诊疗费用。这种规制方式和支付制度变革吸引了很多学者从理论或实证角度对其进行研究，分析其对降低医疗服务成本、提高医疗质量的影响。

Shleifer（1985）提出"标尺竞争"（Yardstick Competition）理论，认为按病种分组，医疗保险按病种平均诊疗费用固定支付医院治疗病人的费用，非常接近于标尺竞争，如果治疗该病人的成本费用低于其他机构治疗类似疾病的费用，医疗机构将获得多余的费用作为收入。反之，如果医疗机构不能保持低于费用的成本，则损失由自身承担。标尺竞争理论从规制经济学角度为 DRGs 在刺激医疗机构降低医疗服务费用方面提供了理论基础。但是新的道德风险是，不同的医院可能会有不同病患程度的同类病人，如果一些医院的重病患者比例过高，治疗成本会较高；在最极端的情况下，医院甚至可能拒绝重症患者（Joskow，1983）。Junoy（1999）认为 DRGs 造成风险选择问题或撇脂现象（Cream Skimming）是因为在保险和服务市场中对异质产品设定了固定价格，并且经济主体之间存在不完善和不对称的信息。风险选择带来的福利损失可以通过增加交易成本和提供服务来衡量，竞争程度越高，福利损失越大。在医疗服务市场中，竞争机制不足以控制风险选择。DRGs 机制使医疗机构承担一定风险成本，减少了选择的动机，具有降低成本的动力，但同时降低了对效率的激励。

科尔奈与翁笙和（2003）认为，医疗机构所承担的成本风险越高，在提供医疗服务过程中所受到的预算约束越强，具有更强的动机降低成本、提高收益。Guterman and Dobson（1986）介绍了医疗保险预期支付系统（Prospective Payment System，简称 PPS）对医院、医疗费用支付者，其他医疗服务提供者和医疗保险受益人的影响。预期支付的主要推动力是经济性的，但 PPS 可能对医疗保健的获得及质量产生影响。医疗保险福利金的增长率在 PPS 影响下有所下降，这是由于住院医院支付的下降所致，但长期影响尚未完全明确。

Desharnais（1988）利用美国医学专业委员会在 1980—1985 年期间监测的 646 家综合医院的医疗保险和非医疗保险支付数据，研究 PPS 实施前几年的使用情况和护理质量趋势，并与实施后的两年进行比较研究。结果发现：1984 年和 1985 年医疗保险的支付量都显著下降，1984 年到 1985 年期间的住院时间没有变化，护理设施和出院后家庭医疗的使用都有所增加，医疗服务质量没有降低。Feinglass and Holloway（1991）通过对联邦医疗保险预期支付系统（PPS）在医疗实践中使用情况的分析，认为预付制对医疗服务机构降低成本具有激励作用，虽然存在个别案例显示医疗服务质量降低，但总体来看，并没有任何直接证据显示预付制会导致医疗服务质量的显著降低。随着预付制的普及和发展，按病种预付医疗服务费用能有效降低成本，且其可能引发其他风险的副作用已明显趋于最小化。

部分学者担心，施行预付制规制增加了医疗机构的自主选择权，医疗机构可能会过于在意其成本与收益，为进一步降低成本而拒绝为重症患者提供诊疗服务，或让尚未完全康复的患者过早出院等方式减少医疗服务供给，导致医疗服务质量下降。Hodgkin and Mcguire（1994）认为基于成本的支付系统利润损失，医院有追求利润之外目标的空间。通过开发一个简单的医院选择护理强度的模型，研究发现，采用预付制形式的医院入院率下降，门诊需求上升，这表明预期支付水平与边际激励的影响无关，医院倾向于采取风险选择行为。

美国卫生政策的核心问题是设计一种支付系统，为高水平的卫生服务体系使用，以保护患者免受金融风险影响，且不会导致低效率。其支付系统都包括两部分：构成病人需求激励的保险系统以及医疗服务提供者的补偿系统。Ellis and Mcguire（1990）通过分析预付制对住院时间的影响，认为设计最佳医疗支付系统的问题是支付工具使用可实现有效的社会目标和患者的财务风险最小化，供给侧规制政策是成本控制的首选工具。医疗服务支付方式变化会对医院行为产生多种激励，在信息不对称的情况下，当医院知道病人的健康状况时，只依赖于医院来确定数量会带来道德风险效应（Moral Hazard Effect）和选择效应（Selection Effect），为使供需双方的激励平衡的成本最小化，缓和矛盾，这本身也需要成本。

Meltzer et al.（2002）认为，竞争和预付制用于控制医疗费用，可能同时提供激励，可以有选择地减少相对于低成本患者的高成本支出，其利用来自加州的患者出院和医院财务数据，研究了在医疗保险预期支付系统（PPS）前后的12个最大的相关诊断群体中，竞争对高成本和低成本住院费用的影响，发现在PPS实施之前竞争增加了成本，但这一效应随后降低，尤其表现在成本最高的患者身上。竞争和PPS使医院有选择地减少了高成本患者的支出，而对病情较轻（费用较低）的患者较为有利，因此在他们身上花费更多资源不太可能改善预期，从而掩盖对最严重疾病的潜在不利影响。竞争对成本的影响是否应该被解释为降低质量，或者更确切地说是提高效率，只有全面评估结果才能得出结论。其同时提出了混合报销方案，包括前瞻性和回顾性特征，旨在减轻患者选择或服务提供中歧视的激励，以及改善预付制缺陷，降低预付财务风险。

根据上述研究结果，总体来看，预付制在经济行为上是具有激励效用的，能对规制对象产生一定的激励。美国医疗服务市场在采用预付支付规制方式后，有效控制了医疗服务费用，医疗服务效率和质量均没有显著降低。但预付制也带来了一定的道德风险和风险选择行为，对不同程度（不同诊疗成本）患者的影响存在差异，需要更具体的前瞻性和回顾性措施完善规制措施，加强规制效果。

3.准入规制的政策效应研究

Baumolet et al.（1982）是可竞争市场和产业结构理论（**Contestable Market**）的代表性人物。可竞争市场理论认为，由于存在潜在的短期进入者，少数公司的市场仍然具有竞争均衡（理想福利结果）的特征，一个完全可竞争的市场应具有以下特征：没有进入或退出障碍、零沉没成本、新进入者可获得同样水平的技术。该理论认为，取消进入和退出的规制障碍会提高竞争效率，并使价格更接近边际成本，自然垄断领域的政府规制是低效率和不必要的。现实中，一个完全可竞争的市场是不存在的，沉没成本也不可能是零。鲍莫尔认为美国航空业放开规制的判断也受到质疑，学界普遍认为适当放松规制的行业正"顺利地"演变为集中的寡头垄断。可竞争市场理论已经被论证反垄断效果较弱，因为简单地观察一个垄断市场可能并不能证明一家公司正在利用其市场力量来控制价格水平。

医疗服务行业广泛采用需求审批许可证（Certificate of Need，简称CON）制度，该规制措施的主要目的是通过防止"不必要的重复投资"来降低行业成本。这样的体制使得医院的最新投资超过最低限额要经过层层政府审批，以降低成本，避免重复投资。

20世纪60年代末期，美国少部分州采用医院投资审核制度，在国家健康计划法案（National Health Planning Act）通过以后，70年代中期，大部分州都采用了这种规制。Ford and Kaserman（1993）通过研究CON制度对20世纪80年代的美国透析行业的影响，发现CON制度对透析行业的进入和扩张提供了有效的约束。它阻碍了新公司和现有公司新增产能的增长，以及公司数量的增长，从而导致产能下降和集中度提高。Held and Pauly（1983）发现盈利能力、增长、市场规模和内部的效率差异都与准入规制相关，市场中行业集中度的提高导致护理质量整体恶化，因为具有市场力量的企业试图通过降低固定（受监管）价格的成本来增加利润。Held et al.（1991）发现，进入壁垒引起的质量下降导致该行业患者死亡率上升。Ford（2000）进一步研究发现，在营利部门中，所有权结构对医疗服务质量具有影响，医生个人所有的诊所提供的护理质量明显高于企业所有的诊所。此类分析结果表明，CON制度导致了严重的质量问题。通过维持不必要的高水平行业集中度和限制供应，透析行业的CON制度维持了现有医疗机构的垄断力量，从而为其提供了通过降低服务质量来增加利润的必要条件。因此，CON制度保障了现有供应商的利益，却损害了消费者（患者）的利益。

Salkever and Bice（1976）通过定量分析估计CON制度对投资的影响，表明CON制度并没有减少投资总额，而是改变了其组成，阻碍了床位供应的扩大，但增加了对新服务和设备的投资。Salkever and Bice（1979）进一步对CON制度的效用进行分析，发现CON制度使医院床位数量的供应减少，却导致持证护士数量和每床位提供服务的注册护士增加，单位病床投资额随人力资本投入形式变化而增加，医院利用资本投资（包括增加护理人员数量形式）代替了床位数投资，即CON制度没有节约总资本投资。Mayo and Farland（1989）研究发现CON制度已经限制了医院病床的增长和医疗服务成本，而市场集中在其他条件不变的情况下会增加公司成本，在考虑到监管的严格性及累积性质之后，CON制度限制医院病床增长并降低总可变成本和平均可变成本。另一方面，市场集中度的增加会增加工厂规模和固定成本。Conover and Sloan（1998）评估了CON制度对医院供应、人均医疗支出、医院行业组织的各种指标和技术扩散的影响，发现CON制度与人均急性护理支出长期减少相关，但与人均总支出的减少无显著相关。在取消 CON 制度后，没有证据表明设施购置或成本激增；CON 制度也导致床位减少，但每天和每次入院的成本增加，医院利润增加；CON 制度对医院的技术扩散和护理质量没有显著影响。Antel et al.（1995）通过利用 1968—1990 年 48 个州 20 年的面板数据集来估计各种法规对医院费用的影响，实证结果表明，大多数监管项目对医院成本似乎没有影响，没有证据表明医院的投资规制降低了医院成本；相反，规制会导致成本增加。未来的医院监管模式应该集中在监管规避、规章制度的相互作用以及医院成本的再分配问题上。

经济学家长期以来一直对这种形式的监管持怀疑态度，大部分对于医院投资审核制度的实证研究证明其对降低医院成本所起的作用很小。这种怀疑有三个根本原因：首先，私人投资者的信息可能远远超过监管机构对新产能需求的信息。这些投资者比监管机构更熟悉行业状况，他们通过进入或扩张将自己的资金置于风险之中。其次，鉴于现有机构明显有动机反对竞争对手几乎任何的进入、扩容或引入新服务，CON 制度实际上为其提供服务的可能性通过降低行业成本来保护消费者的利益是不现实的。最后，如果 CON 制度在减少行业净投资方面有效，那么经济效应就是将受此影响的服务供给曲线向左移动。关于 CON 制度是否实际上有效地减少了行业的新进投资还有一些争论。一些学者认为，CON 制度审查过程并不妨碍新单位的进入和现有单位的扩张，而市场条件下的任何投资都是经过批准的。因此，对于 CON 制度是否对受影响行业的投资构成规制约束存在疑问。尽管有这些批评，但 CON 制度仍然是医疗保健行业普遍存在的规制措施。

这些研究表明：在控制医疗成本和医疗费用方面，CON 制度能够发挥的作用有限，但是在费率价格方面，CON 制度能够发挥的效果显著。信息不对称问题及医疗机构风险行为对 CON 制度的规制效果产生一定的抑制作用，医疗服务机构可充分利用信息优势，并且根据政策漏洞成功通过审核，医疗服务机构还可以采取其他形式机会主义的行为规避监管。为制定合理的规制政策，规制者需掌握成本、需求等方面的具体信息，还需要对被审核项目的必要性及风险进行详细的评估，而这也是对规制者的一项挑战，规制政策形成也需要一定的成本。

4.规制的影响效果研究

规制对医疗质量的影响，目前的研究结论并不一致，一些学者指出"医务竞赛"对于提升医疗质量有积极作用，但是还有一些学者指出"医务竞赛"会显著降低医疗质量或者对医疗质量没有任何影响。Held and Pauly（1983）在对1977年和1978年美国大城市的透析技术利用情况进行分析的基础上，发现医疗市场的竞争能够对医疗职场产生积极的正向影响，两者之间存在正相关关系。Bloom（2010）等对英国的公立医院情况进行调查，发现医院之间的竞争加剧后，病人的死亡率会明显下降，医疗质量会得到显著提升。Gaynor（2000）和Joskow（1980）等的研究也显示医务竞赛能够显著提升医疗质量。Shorten and Hughes（1988）通过对美国45个州981家医院进行调查，选取了1983年7月1日到1984年7月31日的符合研究条件的214 839例病人进行研究，发现医疗市场的竞争程度与住院病人的死亡率之间没有明显的关联。Brekke（2008）等研究了医院边际成本递增时竞争对医疗质量的影响，发现竞争无法有效提升医院的医疗质量。Dranove and Satterthwaite（2000）则认为，在"医务竞赛"的背景下，医院会购买足够先进的医疗设备和相关器械，使得医生对这些医疗设备过度依赖，进而减少了更多让医生亲自实践的机会，最终使得医疗质量降低，出现住院病人死亡率提升等现象。Yip（1998）的研究显示价格规制并不是控制医疗费用的有效途径，因为政府实行价格规制之后，医生还有可能通过增加医疗服务量来对损失进行补偿。

Mekel（2010）认为医疗差错使医疗保健行业陷入困境，并对病人构成严重威胁。对于任何一个既影响很大一部分人口又影响相当一部分经济的问题，政府都有既得利益。为此目的，州政府和联邦政府的力量越来越多地转向制定医疗质量和病人保护法规。然而，这种命令与控制的解决方案虽然相对容易实现，但可能无法提供最佳的解决方案。事实上，这种自上而下的对医疗质量和患者安全问题的监管反应可能会带来一些有害的影响，包括医疗成本的增加、与现有监管的意料之外的冲突以及提供者自我管理和创新积极性的削弱等。

Feldman and Robert（1980）基于博弈论的视角对医疗服务市场规制的实际效果进行理论分析。他们的分析结果是，规制的效果受外部环境特征和内部因素的影响，外部环境特征会影响经济行为的结果，而内部因素直接决定经济主体的行为选择。在医疗服务市场的政府规制领域中，规制方能够了解的信息有限，而医疗服务市场政策规制的手段是控制医疗服务供给和医疗资源使用，其目的是控制医疗成本，但民众更关心自己的医疗资源获得问题。因此，政府医疗规制政策方案的民众政治支持始终处于中性地位。此外，由于医疗服务对当地的经济、医疗机构活动及居民生活的影响较大，导致规制政策的执行困难重重；医疗服务供给方有较强的组织能力，也更有能力与政府规制部门谈判议价，甚至俘获规制方，从而对政府规制效果产生影响。这些研究合理的解释不同规制方式效果差异的问题，对医疗服务市场的规制改革提供一定的指导，也为政府规制设计产生一定的启示作用。

Luft and Maerki（2010）试图通过一个非常简单的问题来衡量医院竞争的可能性：美国医院在合理的通勤距离内有多大比例的邻近医院？短期综合医院之间的距离可以通过地址坐标来计算。根据来自 48 个州 6 520 家医院的数据，47％的医院在 5 英里内没有相邻，77％的医院在 5 英里内的相邻数少于 5 个。在半径 15 英里处，数字分别下降到 23％和 62％。这意味着美国大部分地区可能不存在具有竞争力的医院市场的潜力。Legnard（1999）对英国医疗"竞争式规制"改革进行评估，发现这种改革的激励效用弱，因为医疗机构并不能保留盈余，改革缺乏内生动力，医院数量少，市场缺乏有效竞争。这些研究普遍认为，医疗服务规制在控费方面具有一定作用，但医疗市场并不具有区位竞争性。同时，各国社会具体情况差异较大，不同规制政策在不同国家的效用有差异，并不具有普适性。

5.控费的途径与医疗服务价格规制的效果

控制医疗费用不合理增长早已成为一个国际性问题，西方国家对控制医疗费用的研究始于 20 世纪 70 年代中后期，尤其是美国开创的按疾病诊断相关组分类付费的方法（DRG），可以很好地控制医疗费用增长（Hsiao and Dunn，1987）。同时一些国家通过改革医疗保险制度、强化预防工作、提高居民个人就医自费比例、政府限制医疗价格以及加强医疗供给等政策性手段来达到控费目的（Abel-Smith，1992）。Newhouse（1993）指出，医疗技术进步是造成医疗费用增长的主要原因，因此引导医疗技术健康有序发展可以较好实现控费目的。有学者指出，美国兴起的管理式医疗可作为一种新的费用控制方式而被广泛推广（Buchanan Allen，1998）。Yip and Hsiao（2008）认为，提高医疗领域的资金投入效率是控制医疗费用不合理增长的有效手段。同时建立人群健康管理制度对降低医疗成本具有积极作用（Nash，2011）。

在医疗服务价格规制的影响效果方面，Dranove and Cone（1985）认为，美国的费率规制政策效果存在区域差异，医疗成本高的州实行价格规制的效果更明显，进而认为医疗服务价格规制能够实现控费的目的。有学者以柬埔寨为研究对象，认为私人医疗服务费用的增加会导致居民陷入"医疗贫困陷阱"，而通过医疗政策规制即免除贫困居民的医疗费用，可以有效降低医疗费用支出，缓解贫困（Jacobs，2004）。Christopher（2013）综合分析了美国、荷兰、日本等国家的医疗价格规制效果，认为价格规制并没有真正地降低医疗费用支出，反而加剧了医疗供给的垄断。然而Ridley and zhang（2017）却指出，美国的价格规制效果能在一定程度上降低医疗费用支出，并且有利于增加社会福利和企业利润。

1.3.2　国内研究综述

1. "争论"的焦点

中国医疗卫生体制改革经历了30多年的曲折历程，医改30年是中国探索改革发展道路的缩影，也是医疗服务政府规制改革的长期过程。尽管借鉴国外经验，探索了适合国内医疗卫生事业发展的改革道路，但医疗这一"难题"中所涉及的公平与效率问题、市场与规制悖论等也始终考验着中国理论研究者和改革推进者的智慧和决心。

在中国30多年政府医疗服务规制改革过程中，关于"医改"出现了很多理论上的争议和分歧。其中，最突出的争论焦点是医疗卫生体制中政府和市场的主导地位问题，即：是否需要政府规制。部分媒体或学

者习惯甚至有意地将争论双方划分成"政府派"和"市场派"。所谓
"政府派",即普遍认为政府应处于医疗服务供给的主导地位,过度市场
化导致公共医疗出现供给问题,政府规制应被强化,而非弱化。李玲
(2005)指出我国医疗卫生体制的核心问题在于政府失职与市场失灵并
存,医疗卫生本身具备的公共产品这一基本属性决定了轻易将医疗卫生
推向市场化容易造成医疗市场的失灵。医疗卫生体制的改革应该首先确
立起公立医疗服务机构的主导地位,使得公费医疗的体制得以顺利恢复
和拓展。葛延风、贡森(2007)则强调医改需要首先对政府的职责进行
强化,强调政府在资金筹措和分配方面的具体功能以及政府在医疗卫生
服务体系建设和发展方面的功能。所谓"市场派",即认为在医疗卫生
领域中,市场而非政府应当居于主导地位。持有该观点的学者认为,医
疗改革问题的核心在于市场化完善程度的不足和政府职能定位的不清
晰,刘国恩(2007)认为"看病贵""看病难"的实质是医疗服务供不
应求,其根源在于政府在医疗服务提供方面的干预和行政垄断使得市场
竞争不充分,医疗卫生服务仍然需要依靠竞争性的市场来提供。区别于
市场主导派和政府主导派,顾昕(2005)认为医改不成功的根源并不是
简单地在于不进行市场化,而是在于在医疗市场化的改革过程中,存在
大量的制度缺失和制度错配现象,医疗改革应该走向有管理的市场化之
路,并且在此基础上不断探寻国家介入与市场竞争有效结合的新出路。

2.规制理论的研究

阿罗(1963)的著作《不确定性与卫生保健的福利经济学》的出版
是卫生经济学确立的重要标志。国内对卫生经济学进行的学术研究起步
较晚,确切而言是在2000年之后才逐步兴起,谢子远等(2005)认为
医疗服务产品本身的异质性特征和不可逆转的特点使得整个医疗服务过
程中医患双方的信息严重不对称。郑大喜(2006)则基于经济学视角,
指出卫生行业的健康发展不能仅仅依赖市场机制,政府力量的介入不可
或缺,医疗服务市场中需要政府进行适度规制。张恒龙(2003)认为当
前我国医疗服务市场在技术方面的特殊性和经济方面的特征决定了我国
的医疗服务市场会出现市场失灵的情况,而当前在医疗服务领域政府职
能尚不到位;与此同时,政府在医疗规制方面的滞后使得医疗卫生的配

置效率严重不足，这样反而会阻碍我国医疗卫生服务行业的市场化进程。马维胜（2006）则认为医疗服务的本质就是医患双方签订了一种委托代理合同，但是在这种委托代理合同中，委托人缺乏对代理人的直接监督能力，同时委托人还无法对代理人的行为进行有效的评价。

Stigler（1971）创立的规制经济学将一些基于经济学视角进行的政府规制研究称作"经济规制的理论"。规制经济学最初主要是对一些"自然垄断产业"的市场进入问题和相关产品的定价问题进行研究（Kahn，1971，1972）。经过一段时间的发展之后，该领域的经济学家开始逐渐使用"规制的经济理论"这一说法。为了确保患者在经济层面的医疗可及性，政府对医疗服务市场进行的价格干预就成了对医疗服务成本和公共支出进行控制的有效途径（孙敏，2014）。李卫平则认为纵观整个公立医院改革的发展历程，仍然存在市场规则不明确的问题，此外监管缺位、价格政策的科学性与合理性不足的问题使得整个医疗服务市场扭曲（李卫平，2006），而政府管理职能的缺位（蒋天文、樊志宏，2002）也是迫切需要解决的实际问题。政府规制的滞后使得整体医疗卫生资源配置的效率低下，这会阻碍医疗卫生服务朝着更加公平、更具效率和可及性更强的方向发展（张恒龙，2003）。还有一些学者持有不同的看法，汪丁丁认为有效解决我国医疗卫生体制问题的核心在于如何充分利用市场机制对各项医疗服务进行准确定价（汪丁丁，2005）。寇宗来（2010）则指出，尽管政府通过一些规制措施降低了患者的诊疗费用支出，但是"医"和"药"的互补功能使得医院将垄断的手段放到了药品市场上面，这样一来自然而然又形成了"看病贵"的问题；与此同时，医院还可以采取增加患者就诊次数、缩短患者就诊时间的方式增加患者就诊的"重复成本"，以此达到增加药品抽租目的，进而加剧了"看病难"问题。陈钊（2010）指出，当前我国医疗卫生体制的改革仍有诸多不完善之处，并未实现充分市场化的医疗服务价格，片面的医疗服务市场化不利于"看病难、看病贵"问题的有效解决。费太安（2013）发现，医疗市场本身具备的不确定性、信息不对称、引致需求以及外部性等特征，使得医疗服务市场无法处于完全契约的良好状态。倘若市场与政府的职能边界无法被清晰界定，那么医疗服务市场也很难实现高效运转。我国当前医疗市场中存在的一些问题，绝不仅是某个单一的医疗机构的问题，也不仅仅是政策规制带来的一些弊端问题，为此我们需要对整个医疗服务市场的结构进行深刻反思。

顾昕（2005）指出，尽管政府已经对医疗服务的价格采取了十分严格的规制措施，但是医疗费用的快速增长仍然没有得到有效控制，"以药养医"的问题仍然客观存在。李鹏飞（2006）认为，医疗服务价格规制会进一步诱发"以药养医"体制的形成，对此应尽快建立起一个能够用于评价医疗服务价格规制的分析框架，"以药养医"的客观存在使得患者无法在有限责任约束和道德风险中做出次优选择。郑江淮（2008）认为，医疗体制改革的核心在于进一步放松政府对医疗服务价格的规制。佟珺和石磊（2010）认为，医疗费用快速增长的一个重要原因是政府进行价格规制是所采取措施的合理性不足所致，医生提供医疗服务的技术价值因为药品价格的规制因素无法得到切实有效的补偿，只能通过增加药品进行弥补，这样的机制不仅降低了规制本身的政策效果，还加剧了医疗费用的快速增长。杨宜勇（2013）认为，"新医改"时代首先需要理顺医疗服务价格，政府应放松对医疗服务价格领域的规制，进一步引导社会资本朝着提升医疗服务获利的方向发展。朱恒鹏也认为，降低患者医疗服务负担的首要任务就是尽快取消政府在医疗服务方面和医药方面的各种直接和间接的规制措施（朱恒鹏，2011）。

当前我国医疗市场的发展尚不完善，并未形成完全竞争的良好局面，且我国当前公立医院数量占总医院数量的95%（刘薇，2006）。李玲、江宇（2010）认为，政府在各地重点建设1~2所县级公立医院，使得各县的医疗资源集中形成公立医院的垄断地位，如何充分利用新的政策工具改变大型公立医院院长和医生的一些观念和行为是我国当前进行公立医院改革的关键所在。更加实际的说法就是，需要尽快找到一种有效的激励机制，使得利益集团在激励机制下的获利大于当前的不当获利。根据激励相容理论，应该确保在不对既定社会目标产生影响的前提下，使得每个个体都能够充分追求自身的利益。Ramesh认为构建出一个医院自主发展与政府控制相辅相成的良好体制，公立医院的绩效就可以得到有效实现（Ramesh，2008）。政府能够对各种政策工具进行有效使用，构建合理配置相互关联的激励机制是关键（廖宇航，2015），为此政府应设计出一种既能够给予医生足够激励又不至于滥用相机抉择权的激励规制合同（朱孟晓、胡小玲，2009）。但是，如果仅仅是为了对医疗费用进行控制，缓解患者的医疗负担压力，政府通过出台规制措施对医生的行为、医疗服务和医药价格进行规制，一旦引入的规制本身具有内生性，那么得利方会产生自我强化的趋势，进而会带来不良负面影响（朱恒鹏，2011）。如果政府没有进行价格规制，那么在市场中居于垄断地位的供应商会通过差别定价来谋求利润最大化，这不仅仅是微观经济学相关理论得出的基本结论，也被企业实践所证实（Varian，1989；Stole，2007）。

Baumol and Panzar（1982）作为竞争市场理论的重要代表人物，他们指出在一个没有外部竞争或者没有沉没成本的产业或者市场中，为了保证市场效率的提升，厂商会采取竞争性定价的措施。这时候政府的任何规制措施无效。但是在实际的市场当中，沉没成本会一直存在，因此，政府规制有其必要性。但是竞争市场理论已经成为指导政府规制的重要理论，规制的使用会使得社会福利最大化得以最终实现。曲振涛、杨恺钧（2005）在运用竞争市场理论的基础上指出，充分利用准入规制，能够有效发挥市场竞争的作用，进而降低投资者的沉没成本。褚淑贞（2004）则认为准入规制具体包括了进入者的投资规模、技术管理水平、产品或服务质量的资格审查等内容。具体的规制手段还包括许可、认可、特许、注册、审批等几个方面。林浩、南方（2006）对美国医疗市场中的政府规制及效率加以分析，认为美国医疗服务市场的准入规制不仅包括了新加入医院的规制、旧医院扩建的规制，还包含了新增医疗仪器设备的规制，以及限制医院投资和扩充医疗供给的措施。国内学者普遍认为，当前国内的现有政策就是在每个县都重点建立1~2所公立医院，这样实际上很容易让一些公立医院形成自然的垄断地位（李玲、江宇，2010），医疗市场的竞争机制能够打破垄断、提高医疗服务的绩效（刘小鲁，2011），鼓励社会资本进入市场是医疗服务体系改革的路径之一，充分的市场竞争机制能够在一定程度上满足医疗服务的特殊性，从而提高医疗资源的配置效率。应降低进入壁垒，放松对医疗服务准入规制（石磊，2008），引入市场竞争能够使医疗服务质量提升（刘君、何梦乔，2010）；准入规制中的政策歧视致使民营医院的准入门槛过高，民营医院的医疗资源便无法实现优化配置，导致浪费（王晓玲，2009）。周小梅（2006）通过对我国医疗服务行业市场化改革进行研究发现，当前旨在提高医疗服务效率的市场化改革仍存在诸多不足，并指出政府应制定有效的规制政策对医疗服务市场进行规制，应重新评审已批准的医疗执业机构，并对营利性和非营利性医疗机构分别进行准入规制，才能有效提高医疗服务效率。

3.规制效果的研究

部分学者的研究发现，当前我国大型医疗设备的频繁使用并没有产生积极的作用。数据统计显示，发现疾病的人数仅占所有检查人数的30%，这与政策要求的60%相距甚远，换言之就是大多数患者都做了常规医疗以外的检查（马本江，2007）。对患者而言，所有检查中的一部分完全可以在不影响诊疗效果的情况下用更低收费、更加普通的检查来替代，以CT为例，当前的CT检查中，有17%属于不必要的检查（雷海潮等，2002）。公立医院在实施药品零差率政策后，次均住院费和次均门诊费均出现不同程度的下降（沈荣生，2013；张丽青等，2012；于春富、牟蔚平，2012；杨敬，2012）。但是，田立启等（2011）和金春林等（2010）的研究却显示药品实施零差率政策后，不仅均次住院费用和门诊费用未达到预期的效果，患者的医疗费用反而显著增加。吴焕（2015）对1997—2013年河南省的相关数据进行分析，采用协整理论与误差修正模型展开研究，发现政府在卫生方面的长期支出和短期支出均会对居民的消费产生挤入效应。对城镇居民而言，政府卫生支出的短期挤入效应并不显著，挤入效应长期较弱。张殷然等（2018）指出，当前我国医疗服务价格存在定价偏低、调整滞后、定价方法不科学、未拉开差距、补偿机制不完善等问题。

曹燕等（2010）利用2000—2007年我国各省份的面板数据进行分析，具体的健康指标用传染病的发病率和人均预期寿命进行衡量，自变量则选取了各地区政府卫生支出。研究结果显示：医疗卫生领域财政投入规模的增加会显著提高我国人口整体健康福利水平。孙菊（2011）则基于1997—2001年28个省份的面板数据，对5岁以下儿童死亡率和婴儿死亡率进行深入研究，研究发现：较之于私人卫生支出，卫生财政支出对健康的改善作用更为显著。鲁志鸿等人（2017）采用基尼系数分析法及泰尔指数方法对不同区域间基层卫生资源配置的差距问题进讨论，分别对新医改前后卫生资源分布的改变进行分析。研究结果表明，新医改后基层卫生资源配置的公平性无论在人力还是在财力方面均有一定程度提升，同时也指出，基层卫生资源配置不公平的主要原因在于区域内各方面的不公平。程梓瑶（2017）利用 mlogit 多项回归模型和边际效应分析我国影响农村居民选择就医单位的因素，运用实证方式获取分析农村居民对分级诊疗需求，研究结果显示：分级诊疗制度对完善医疗服务体系是关键步骤。刘军强等（2015）根据对河南、四川两省70位医保政策相关者的访谈，发现目前医保部门控费工具箱内的6种工具并不总是有效。刘西国等（2012）通过对国外最新研究成果的回顾，并结合我国1998—2010年的面板数据发现，城市化导致医疗费用上升，而规制能降低医疗费用；但和传统理论不同的是，我国人均收入水平的提高和人口老龄化对医疗费用的上升影响很小，医疗保险甚至抑制了医疗费用的上涨。因此，结合我国的特殊国情，规制是控制医疗费用上涨最基本的途径，同时，医疗保险的推广同样可以起到费用规制的作用。沈清等（2007）在对浙江省民营医院展开深入调查的基础上，发现医院内所有的业务收入当中，较之于民营医院，公立医院的"以药养医"现象更为突出。李林和刘国恩（2008）的研究则发现，一个地区营利性医院的占比越高，规模越庞大，该地区非营利性医院的医疗费用越低。邓国营等（2013）对微观数据进行分析，发现较之于民营医疗机构，患者在公立医疗机构等待的时间更加漫长，患者对于公立机构的满意度也更低。蒋建华（2015）通过对广东省市级数据的实证分析研究竞争在医疗市场的作用，发现竞争能够降低公立医院医疗费用，不断提高和优化住院医疗的服务质量，但是现实却是竞争会提高公立医院的门诊费用。营利性医院和非营利性医院在规模层面和效率层面的竞争能够切实有效地降低患者住院的实际医疗费用支出水平，但是在提升患者的医疗服务方面却收效甚微。建议鼓励医疗行业提升竞争的层次，进一步优化和提升医疗服务效率，进一步控制好患者的医疗费用支出。

方福祥（2018）指出，政府定价主要考虑公立医院公益性、患者承受能力、医保支付等因素，价格普遍偏低，特别是体现技术劳务的诊察、手术、护理类价格。朱恒鹏（2018）指出，公立医疗机构利用医保报销导致的患者对医疗费用敏感度下降来诱导患者住院，致使百人住院率快速增长，远超合理水平，加剧了城乡居民医疗负担。张睿等（2015）以2008—2013年河南省县级公立医院年报数据为基础，对县级公立医院改革对于当地医疗质量、医院成本控制的水平以及医疗费用和就医人次方面的影响进行了实证分析。研究结果显示：以药品零差率为主的医疗改革政策能够有效降低次均药品的成本和人均住院药品的费用，还对缓解药价虚高产生积极影响。进一步的政策作用机理的分析却发现，医疗改革对于降低药品的单价能够起到有效作用，但是无法对均次费用的降低发挥显著作用。价格规制政策不利于提升医务人员工作的积极性，因此政府应该适当放宽医疗服务价格规制政策。张二华等（2010）则认为医疗服务市场和医疗服务价格规制有其自身的特殊性，政府对于医疗服务市场展开的规制活动并不能改变当前医院在医疗市场中的主导地位，医疗服务市场本身的特征就促使其形成了寡头竞争的结构。所以在医疗服务市场中适当引入竞争机制对于改变当前我国医疗服务市场中的"看病难、看病贵"问题意义非凡。周绿林、豆月（2017）从协同理论出发，认为要加强医疗服务体系协同机制，改变体系中存在的无序竞争状况，提升整体性、可持续性、协同性。邓国营等（2013）充分利用2007—2010年的"国务院城镇居民医疗保险试点评估调查"数据，对公立与民营医疗机构医疗费用以及服务水平与质量的区别展开实证分析。研究结果显示，进一步强化医疗服务市场竞争机制，充分发展民营的医疗机构，改制甚至是重组公立医院，能够更好地解决"看病难、看病贵"的现实问题。

4.控费方式与医疗服务价格规制的效果

国内学者关于控制医疗费用的政策工具研究较丰富，部分学者认为建立合理有效的医疗保险支付方式是主要政策手段（王阿娜，2012；王争亚、吕学静，2016）。林闽钢（2009）指出应构建以需方为导向的医疗卫生体制，引入第三方管理，加强需方和第三方对供方的行为进行约束和引导是控费的重要政策方向。同时打破社会医疗保险政府举办的格局，鼓励商业保险机构参与地方社会医疗保险经办业务能够有效控制医疗费用（姚宇，2014）。然而，我国医保控费的六大政策工具即医保基金安全红线、医保付费方式改革、指标管理、监察、违约处罚以及三方谈判并不始终有效，未来政策设计应明确医疗费用合理增长的机制和比例，才能达到控费效果（刘军强等，2015）。此外，有学者还认为增加医院和卫生院数量，鼓励医生自由执业，合理增加医生收入是控制医疗费用的政策性手段（王文娟、曹向阳，2016）。何子英和郁建兴（2017）指出，医疗服务价格规制是控制医疗费用不合理增长的核心政策工具。

但长期以来，我国医疗价格规制效果很不理想，医药定价制度问题丛生，严重阻碍了我国医药市场的可持续发展（萧庆伦，2015；仇雨临，2017）。医疗服务价格规制难以控制医疗费用的过快增长，政府在医疗领域的规制政策，并没有解决群众"看病难、看病贵"问题（朱恒鹏，2007；卢洪友，2011）。郭科和顾昕（2017）也认为，我国政府采取了多种方式的价格管制政策，但难以有效地控制医疗费用过快增长。然而，部分学者运用我国宏观可获得性数据，实证研究发现药品价格规制具有降低医疗费用的效果，只是这一降费的效果较为有限（李丽，2008；刘西国等，2012；蒋建华，2012）。得出类似结论的还有岳经纶和王春晓（2016）的研究，他们以广东县级公立医院为研究对象，实证研究发现我国医疗服务价格规制对控制医疗费用的作用比较有限，应当通过公共财政改革、第三方控费以及信息公开等方式实现控制医疗费用的目标。

1.4　研究内容、技术路线以及研究方法

1.4.1　研究内容

在借鉴已有研究的基础上，本书首先对研究背景和研究意义进行介绍，并进一步进行了概念界定和文献综述；其次，本书分析了中国医疗服务规制历史沿革及发展，将其划分若干历史阶段进行系统分析。再

次，从实证层面上依次对医疗服务的价格规制、医疗服务的准入规制进行深入分析，并且就经济性规制对控制医疗费用和医疗服务效率的影响进行深入讨论。最后，提出研究结论和展望。

具体来说，本书主要从以下8章进行阐述，内容安排如下：

第1章，绪论。该部分首先对相关研究背景进行全面介绍和梳理，并从理论和实践层面，分析其存在的价值、理论和实际意义。而后进一步介绍本书的研究内容、说明本书的技术路线和整体研究框架，并且对研究方法和创新点进行提炼。

第2章，研究基础和文献综述。该部分首先对规制的基本理论与新公共服务理论进行介绍，规制的基本理论分别从基本的理念、理论的构思和对规制的新认知三个方面进行探讨，新公共服务理论分别从基本理论和代表性范式两个方面进行探讨。其次，分析了医疗服务规制的影响，从早期研究、价格规制的政策效应研究、准入规制的政策效应研究、影响规制效果的研究出发进行论述。最后，本部分综述了现有的研究，分别从争论的焦点、规制理论研究和规制效果研究三个方面予以考察。

第3章，中国医疗服务规制的历史沿革与发展。该部分主要探讨了本书所研究主题的历史脉络和发展阶段，分别从计划经济时代（1949—1983年）、改革开放后的市场化探索阶段（1983—1997年）、政府医疗服务规制的反思阶段（1997—2009年）以及新医改背景下医疗服务规制的重构（2009年至今）四个层面进行考察。

第4章，医疗服务价格规制对医疗服务效率的影响。在具体研究中选择以医疗服务机构中资本和劳动的使用比例作为价格规制代理变量。通过对政府医疗服务价格规制效果进行评价，评估中国医疗卫生体制改革成效。本书基于研究可行性考虑，主要选择住院死亡率、孕产妇死亡率、家庭卫生服务次数、次均门诊费用、人均住院自付费用5项指标来衡量医疗服务的技术质量、运行效率和费用控制。本部分在数据的选择上，原始数据主要来自于全国各省（自治区、直辖市）的统计年鉴、中国卫生统计年鉴、中国工业统计年鉴、EPS全球统计数据分析平台、中经网统计数据库及Wind数据库，以2004—2016年为样本区间，为本书的研究奠定了良好的基础。模型上，通过构建动态面板模型，可以有效控制估计结果的内生性问题。

第5章，医疗服务准入规制对医疗服务效率的影响。本章的数据与第4章的数据来源相同，在医疗服务准入规制的定义上，本书选择相关产业的社会总投资、非公立医疗机构的总产值与公立医疗机构的总产值比或非公立医疗机构总资产与公立医疗机构总资产比进行具体的衡量。医疗服务效率指标的构建与第4章相同。在实证分析上，本部分主要采取动态面板广义矩估计（GMM）的方法进行实证分析，并通过稳健性检验进一步加以论证。

第6章，价格规制对医疗费用控制的区域差异分析。通过考察我国医疗费用管控存在的区域差异，发现东部地区整体效果最显著，中西部效果偏弱，并且中西部地区门诊药品费用占比依旧居高不下。由于医疗费用不合理增长导致医疗资源的浪费，因此控制医疗费用不合理增长才是规制的目标。同时，医疗服务价格规制是否有效在于体制与机制的是否有效联动，然而，医疗服务价格项目和分类管理混乱、定价方式不规范、监督体系不完善、三医联动机制尚未有效建成、价格改革与三医联动机制并未有效衔接仍是体制和机制层面亟须解决的重大问题，这也是导致我国结构性控费失效的重要原因。

第7章，经济性规制对医疗服务质量影响的机制分析。经济规制的目的主要是控制价格和质量，其方式是通过价格准入来实现的，其机制是通过医疗机构的行为选择来实现的，具体包括是否存在过度诊疗、是否降低成本，从而实现医疗服务质量提升的目标。本章以2003—2017年中国国家统计局、国家卫生和计划生育委员会、国家中医药管理局等部门发布的关于医疗方面的年度时间序列数据为基础，进行实证分析。实证上主要从两个方面，即价格规制的政策效应的实证分析和准入规制的政策效应分析，深入分析价格规制政策对医疗机构诊疗过程中的行为影响，以及医疗服务市场化改革的调节效应。

第8章，结论、建议与展望。基于文献分析法、理论分析法和实证分析法，本书的研究结论得出，政府医疗服务价格规制对医疗服务效率具有一定程度的影响。但价格规制滞后对相关变量的影响却出现非一致性，表明价格规制的正向作用并没有显示出长期的稳健性和一致性。准入规制对医疗服务质量具有负向的影响。医疗过程中的诊疗行为对医疗服务价格规制与医疗服务质量的关系具有传导作用。最后，在研究结论的基础上提出一系列的政策建议，并根据实际的研究状况以及具体的研究结果提出对未来研究的展望。

1.4.2 技术路线

本书以政府经济规制和医疗服务效率的关系作为研究主线。第 1 章是提出问题，第 2 章至第 7 章是分析问题和解决问题，第 8 章是总结。具体的研究技术路线如下：

第一，提出问题。通过对我国医疗服务政策规制的相关研究、历史沿革与发展等进行梳理和阐述，对国家出台的历年政策文件进行系统的比较，系统阐述我国医疗服务经济规制政策的发展轨迹。通过分析国外相关研究的理论发展和时间进程，结合我国医疗服务价格规制和准入规制的实际情况，以医疗产品和服务的产出——医疗服务效率为分析对象，提出对我国的经济性规制政策进行研究的议题。

第二，分析问题。通过依次分析医疗服务价格规制对医疗服务效率的影响、医疗服务准入规制对医疗服务效率的影响、医疗服务规制对医疗费用控制的区域差异分析、经济性规制对医疗服务效率影响的机制分析，进行实证研究。其中，分别分析政府的医疗服务价格规制政策对于医疗服务供给、成本及其他相关质量指标的影响；分析政府医疗服务市场准入规制政策对医疗服务效率的影响；分析医疗服务价格规制对医疗费用控制的区域差异；并分析其中的政策影响路径和传导机制。在此基础上，系统分析政府医疗服务规制政策的政策效应，研究我国医疗服务经济性规制政策对医疗服务效率的实际影响和政策效果。

第三，解决问题。基于前文的背景分析和制度阐述，以及实证分析的结果，提出切实可行的政策建议。

最后，结合现实情况以及存在的相关不足，本书进一步提出了研究展望。

本书的技术路线如图1-1所示：

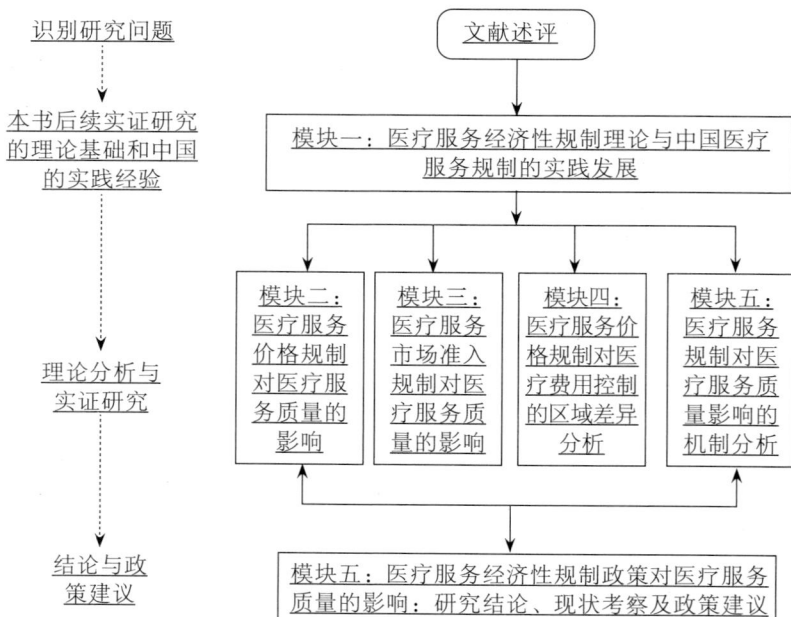

识别研究问题

本书后续实证研究的理论基础和中国的实践经验

理论分析与实证研究

结论与政策建议

文献述评

模块一：医疗服务经济性规制理论与中国医疗服务规制的实践发展

模块二：医疗服务价格规制对医疗服务质量的影响

模块三：医疗服务市场准入规制对医疗服务质量的影响

模块四：医疗服务价格规制对医疗费用控制的区域差异分析

模块五：医疗服务规制对医疗服务质量影响的机制分析

模块五：医疗服务经济性规制政策对医疗服务质量的影响：研究结论、现状考察及政策建议

图1-1　本书的研究技术路线图

　　本书的研究路线主要涵盖了三个方面：一是理论研究部分，具体包括模块一部分。该部分主要是从医疗服务经济性规制理论与中国医疗服务规制的实践发展入手，试图提出医疗服务经济规制的分析的理论框架；二是根据理论框架展开实证检验，具体包括三个部分，即价格规制（模块二）、准入规制（模块三）和影响机制（模块四）。实证检验部分从以上三个维度检验医疗服务经济性规制政策的影响，依据相关理论开展实证检验；三是在理论分析和实证检验的基础上结合我国医疗服务当前的实际发展情况提出针对性的建议，具体包括模块五。依据理论分析和实证检验的结论，并结合我国医疗服务政府经济规制政策的现状，提出具有针对性的政策建议。

1.4.3　研究方法

　　第一，文献分析法。本书对现有文献做了比较详细的梳理，梳理的文献内容基本涵盖了现有的绝大多数研究，并重点进行总结归纳。以往的研究主要集中在政府经济性规制中的一个方面对医疗服务相关内容的影响，通过构建比较全面的指标进行衡量显得不够。本书在此基础上，研究了政府经济性规制对医疗服务效率的影响，这是对已有文献的一个重要借鉴和进一步的深入研究。

第二，理论分析法。本书主要基于规制经济理论，进一步探讨公共产品理论和对规制的新认知。对理论的分析和阐述是本书研究的基本前提，尤其是本书分析了医疗服务规制的相关影响。这是从理论层面进行分析，主要内容涵盖了价格规制的政策效应、准入规制的政策效应以及影响规制效果的相关理论研究，是本书的理论前提。

第三，统计分析法。本书结合统计分析法，对相关数据进行归纳整理，并对相关指标进行统计分析。统计分析结合当前我国医疗服务的发展现状，对我国医疗服务相关的数据进行整理和论述，从而为本书的研究提供数据支撑。在描述性统计中，本书还对具体的研究变量进行分析，以期获得对统计结果的清晰认知。

第四，实证分析法。本书的实证分析法主要采用宏观数据进行研究，立足于面板计量模型进行实证检验。在具体的实证分析中，依次考察了医疗服务价格规制对医疗服务效率的影响，医疗服务准入规制对医疗服务效率的影响以及经济性规制对医疗服务效率的影响。在具体分析中，还通过进一步的稳健性检验来验证研究结果的可靠性。

第五，头脑风暴法。本书在研究过程中，充分运用了头脑风暴法，对研究的主题和研究的框架进行了讨论。通过定期开展研究主题的讨论，能够为本书的研究奠定扎实的基础。并且，头脑风暴法集合了众家之长，广泛采用了课题组成员的研究成果，听取了咨询专家提供的指导意见，并做进一步完善，从而完成了本书的框架制定。这也是本研究能够顺利开展的一个前提。

1.5 主要创新点

本书从理论和实证的层面，系统分析了我国的经济性规制对医疗服务效率的影响，分别以医疗服务价格规制和市场准入规制作为待考察变量，探讨政府的价格规制政策和市场准入规制政策对居民就医的费用成本和健康水平的影响，并分析其中的政策效应和影响机理，完善了以往关于政府医疗服务规制政策效果的理论研究。在理论研究基础上，通过考察政府经济性规制政策对医疗服务效率影响机制的理论模型，得出更客观的实证性结论，较之于已有研究，本书的创新之处主要体现在四个方面：

第一，在对医疗服务价格规制对控制卫生费用影响研究的基础上，本研究进一步将市场准入规制、医疗服务的效率和质量纳入研究的框架之中，这主要是由于价格规制常与市场准入紧密联系，而医疗费用控制体现于医疗服务的运行效率，更会对医疗服务质量产生影响。因此，在实际研究过程中，逐步扩展了研究的范围和内容，将价格规制与准入规制相结合，深化了对政府规制的理解；将医疗费用控制与医疗服务运行效率及质量相结合，拓展了对"控费"和"增效"关系的认识；深化了研究的基本思路和研究方向。

第二，本书基于政府规制理论，探讨了我国医疗服务的政策规制对医疗服务效率的影响，这与既往研究中仅注重医疗服务政府规制政策的理论性规范研究不同，更系统地实证了医疗服务价格规制和准入规制的实际政策效应，拓展了以往理论文献仅仅强调政府规制必要性或形式的分析视角。

第三，丰富了政府医疗服务规制的研究内容。本书从政府规制对医疗服务效率影响的视角进行实证分析，深入分析了价格规制和市场准入规制对医疗服务效率的影响，对政府医疗服务价格规制政策的有效性进行了合理的验证，深入阐释了医疗服务经济规制的政策效果，丰富了对医疗服务价格规制效果的相关研究，而且对医疗服务价格规制政策存在的合理性及必要性提供了一定的解释，这也为在政府医疗服务价格规制情境中，如何界定规制的范围及边界、如何进行更有效的规制拓展了一项新的理论视角。

第四，拓展了医疗服务规制的政策机制研究。现有文献对医疗服务规制的研究主要集中于对规制的直接政策影响进行分析，而政府医疗服务经济规制的政策效应尚缺乏深入的实证研究。本书在理论分析基础上，以实证方法考察"过度诊疗"的发生机制及医疗服务主体的逐利行为，为剖析医患矛盾的产生根源提供了一个新的研究视角，为控制医疗成本的不合理增长的研究提供了新的理论基础。同时，本书的研究进一步分析了价格规制和准入规制政策的传导机制，更充分肯定了医疗服务市场化改革的必要性，这为研究医疗服务多元供给和医疗卫生体制改革提供了有力的实证基础，为我国医疗卫生体制改革及医疗体制改革过程中政府治理工具的合理使用提供了有益借鉴。

2 相关概念和理论基础

2.1 相关概念

2.1.1 经济规制

作为一项重要的政策工具，规制的核心含义在于对一些行为进行指导或者调整，以确保预期的公共政策目标能够顺利实现。从规制机构在设定规则及监督实施过程中的作用来看，规制是公共机构对社会群体关注的活动所进行的持续集中的控制（Selznick，1985）。植草益（1992）指出，规制是依据规则，对社会中的个人和经济主体的活动进行限制的行为。规制经济学为价格、获得、质量、准入、接入和市场结构提供经济分析，通过对规制影响、成本收益进行实证研究，评估规制机构的行为规则、标准程序和发展设计。规制经济学涵盖经济规制、社会规制、竞 争 法 和 法 律 制 度 （Viscusi，Harrington and Vernon，2005；Veljanovski，2006、2007）。其中，经济性规制关注绩效、产业结构、价格、投资和产出等经济特征（Motta，2004；O'Donoghue and Padilla，2006）。规制理论以经济效率和"市场失灵"为基础，倡导"公共利益"，通过统计分析或成本-收益评估，解释规制的性质、发展及影响（Stigler，1971；Peltzman，1976；Becker，1983；Peltzman，1989）。

2.1.2　价格规制

价格规制是医疗服务市场最常见的经济规制方式。由于医疗服务市场具有特殊性（Kenneth Arrow，1963），公立医疗机构以非营利方式向社会提供公共医疗产品。医疗服务市场的自然垄断特性导致行业内竞争的低效率，实施规制是为有效规避医疗服务市场运作风险、实现公共医疗服务公共利益目标而采取的有效政府政策工具，可以提高社会整体福利（Owen and Braeutigam，1978）。因此，大多数政府在治理医疗市场过程中均采用规制作为合理的政策工具。虽然医疗卫生产品中只有部分具有公共产品属性，但医疗卫生服务具有很强的正外部性，无法按照"谁受益，谁分担"原则承担成本（Paul J. Feldstein，1988）。同时，医疗服务供需之间的信息不对称可能导致供给诱导需求问题（Shain and MI Roemer，1959；Arrow，1963），信息不对称的医疗需求供方引导会导致"反常"的价格反应，并增加供应数量和提高需求价格（RG Evans，1974）。公共利益规制理论认为，医疗服务领域的市场失灵很难通过其他形式的竞争加以纠正，必须加强政府对医疗服务市场的管控（Leffler，2000）。但是，如果医疗服务市场中，供给方对消费者需求起决定性作用，那么市场机制将不能产生公平的均衡价格并实现资源的最优配置，如果供给诱导需求导致市场失灵，政府规制便成为医疗服务治理的唯一政策选择（Reinhardt，1989）。20世纪70年代，美国便开始采用设定费率的医疗产品定价制度。早期关于价格规制的研究主要集中在其对医疗保健费用的影响方面，普遍认为国家控制住院费用效果很差，自20世纪80年代以来，发达国家逐渐改变传统的以投入为衡量基础的费率规制方式，转向以绩效为核心的产出或结果为衡量指标实施规制。在美国的医疗价格规制发展过程中，无论是费率规制还是支付方式创新规制，供给侧规制政策都是成本控制的首选工具（Ellis and Mcguire，

1990），多样化的价格规制方式被用于控制医疗费用，但提供激励预付制也带来了一定的道德风险和风险选择行为（Meltzer et al.，2002）。

2.1.3　准入规制

医疗服务业普遍施行需求审批许可证（Certificate of Need，简称CON）制度，目的是通过规制"不必要的重复投资"来降低医疗成本，该制度要求医疗机构在增加床位和购置诊疗设备等方面的超限额新增投资须经政府部门计划批准，这项制度实施的目的就是减少医院购买过于昂贵的医疗设备的行为，以免进行不必要的重复投资，从而让医院能够降低成本。可竞争市场和产业结构理论（Contestable Market）（Baumolet et al.，1982）认为，由于存在潜在的短期进入者，有少数公司的市场仍然具有竞争均衡（理想福利结果）的特征，一个完全可竞争的市场应具有以下特征：没有进入或退出障碍、零沉没成本、新进入者可获得同样水平的技术。CON制度在美国《国家健康计划法案》（National Health Planning Act）通过后被广泛实施。对于CON制度及其他市场准入规制的有效性研究中，发现CON制度确实对医疗成本具有影响，CON制度对行业的进入和扩张提供了有效的约束，它阻碍了新增产能的增长，从而导致产能下降和集中度提高（Ford and Kaserman，1993）。但是，CON制度并没有减少投资总额，而是改变了其组成，虽抑制了床位供应的扩张，但增加了对新服务和设备的投资（Salkever and Bice，1976），导致每床位提供服务的注册护士和持证护士数量增加，单位病床投资额随人力资本投入形式变化而增加，医院利用增加护理人员数量形式的资本投资替代了床位数投资。CON制度也并没有节约总资本投资（Salkever and Bice，1979）；市场集中在其他条件不变的情况下会增加机构成本，在考虑到监管的严格性及累积性之后，CON制度限制了医院病床增长并降低了总可变成本和平均可变成本。相关研究表明，大多数监管项目对医院成本似乎没有影响，没有证据表明医院的投资规制降低了医院成本；相反，规制会导致成本增加。更严重的后果是，市场中行业集中度的提高导致护理质量整体恶化，因为具有市场力量的企业试图通过降低固定（受监管）价格的成本来增加利润

（Held and Pauly，1983）。同时，CON制度会导致严重的医疗质量问题，通过维持不必要的高水平行业集中度和限制供应，CON制度维持了现有医疗机构的垄断力量，从而为其提供了通过降低服务质量来增加利润的必要条件。

2.1.4　医疗服务效率

医疗服务效率的狭义含义仅指医疗效率，即医疗服务的成本和产出之比；广义的医疗服务效率包括基本结构、诊疗过程、医疗结果等多维内涵，包括医疗机构运行的技术质量、运行效率和产出结果等（Gummesson，1988；Edvardsson，1989；马骏，1986）。本书主要依据相关的投入和产出指标来衡量医疗服务效率。综合参考国内外相关文献，本书对医疗服务效率的实证研究中，要全面完成对医疗服务效率的测度较为困难，如果想准确测量医疗服务效率，必须构建复杂的指标体系进行综合测度，考虑到研究的成本及可行性，本章关于医疗服务效率的测度主要通过以下几个方面进行评价，即以住院死亡率、孕产妇死亡率、成人死亡率、新生儿预期寿命来衡量医疗服务的技术质量和产出结果；采用家庭卫生服务次数、次均门诊费用、人均住院自付费用等变量考察医疗服务的运行成本，这些指标综合体现了医疗服务的运行效率。

2.2　规制的基本理论

2.2.1　规制经济学理论

规制经济学是一个非常宽泛的主题，既包括规范层面的内容，也包括实证层面的内容。早期的规制研究集中于福利经济和产业经济领域，主要关注政府在通过规制纠正市场失灵过程中的作用。近20年来，规制研究已有长足发展，并已日臻成熟，可以分析特定领域及不同社会背景下的一般规制过程（Baldwin、Scott、Hood，1998），规制话语和概念呈现出国际和国家层面的共性发展，受规制产业也趋于专业化（Collins，2002）。随着规制在社会体系、政府机构和行政政策中的发展，其意义并不限于"通过规制的统治"，深化为"规制国"理念（Majone，1994 and 1997；Moran，2002 and 2003），在当代政治、经济和社会领域中，规制理论和实践居于核心地位。在规制理论动态发展过程中，一方面认为规制可能造成经济、社会生活的过度官僚化，构成竞争和经济增长的主要壁垒，2008 年的美国次贷危机更强化了这种批判，世界银行发布的年度营商环境报告通过基准分析方式评价规制和行政约束对营商环境的影响。私有化潮流更倡导对公用事业"放松规制（deregulation）"（Ikenberry，1988）。

然而，近期的改革历程显示：发挥市场经济的作用中，规制不可或缺；公共服务的运行，也不能离开对规制的监督（Robert Baldwin，2008）。"更好规制（better regulaition）"议程反对官僚主义和"繁文缛节（red tape）"，关注规制质量的提高，重视规制的性质和绩效。实践中，将理性工具引入规制政策议程中，包括"规制影响评估""成本 - 收益分析"等。1997 年英国取消了"放松规制小组（Deregulation Unit）"，设立"更好规制工作小组（Better Regulaition Task Force）"。荷兰形成"标准成本模型"以消减规制给企业和个人带来的"负担"。欧盟通过"里斯本日程（Lisbon Agenda）"采用"更好规制"来提升产业竞争力。经济合作和发展组织（简称 OECD，下同）研发出度量规制质量的指标，通过同行评议、比较评估设计改善规制政策、工具和制度。世界银行也认为应取得制度禀赋和规制结构间的"匹配"，而非倡导完全一致的标准规制模型（Levy and Stiller，1994；Lodge and Stirton，2006），规制和规制治理对实现发展目标是有益的。20 世纪六七十年代，传统规制研究起始于"命令和控制"，80 年代，引入"更少规制"和"基于激励"的控制，从税收体制、信息公开体系、特许经营、交易机制等更"市场化"的策略"替代"规制模式的影响。通过组织内部运行的控制机制"元规制（meta-regulation）"（Braithwaite，2000、2003；Coglianse and Lazar，2003；May，2003；Power，1997；Parker，2003）以风险角度看待规制问题，将规制问题视为风险管理问题（Black，2005；Hutter，2001；Hood，Rothstein and Baldwin，2001）。规制作为一种社会治理工具和核心组织原则，理论上是政策形成观念或控制体系，也是实践中的一种非科层化、系统化的裁量机制。

2.2.2　规范性规制理论

在规制经济学研究中，要明确区分规范理论和实证理论。规范理论是以规定性的方式，从经济学视角确定一种理想的规制模式，常以经济效率和"市场失灵"等概念为理论基础。实证理论是规制经济学的解释性和实证性分支，主要通过统计分析或成本-收益评估，来解释规制的性质、发展和影响。

1.效率

现代经济学普遍认为不仅存在市场失灵，政府也可能会失灵，但规范性规制理论主要是建立在经济效率和市场失灵的概念和理论基础之上的。这些理论中，效率、公平、规制间的关系，是规制理论研究的主要领域。

经济学中有两种最为常见的经济效率概念：帕累托效率（Pareto Efficiency）和卡尔多-希克斯效率（Kaldor-Hicks Efficiency）。帕累托效率是指在不减少其他人福利的情况下，使某个人的福利得以增加。帕累托效率是一种通过资源等重新配置或法律的改变，从而使各方受益，或无人利益受损的一种状态。此外，帕累托效率还基于两种额外的价值标准：一是个人是其本人福祉的最佳判断者，二是社会福祉以构成社会的每个人的福祉为基础。但帕累托效率中关于"无人受损"标准的困难在于，几乎所有的政策都存在"受益者"和"受损者"，这种微观的政策改变很难被观察和分析。因此，为克服这一问题所造成的困境，公共选择学派便提倡由"受益者"补偿"受损者"。为有效应对这一问题，而不是回避它，卡尔多-希克斯效率便被经济学家们采用。卡尔多-希克斯效率被称为财富最大化或分配效率。如果受益者在补偿受损者之后，其情况得到改善，便符合卡尔多-希克斯效率标准，即政策通过成本-收益检验，证实经济收益超过了其他人的收益损失。

2.市场失灵

规制的标准规范理论的第二个基础是市场失灵概念。一个竞争充分的市场是实现帕累托效率的基础，由于市场失灵的存在，为国家或集体干预提供了一个必要但不充分的依据。在理论上，市场失灵包括四个主要原因，市场垄断、外部性、公共产品和信息不对称。

（1）市场垄断

当出现市场垄断时，少数几个市场组织（企业）可以将产品价格提升至竞争水平之上，并获得垄断性收入，就出现非竞争性的市场，帕累托效率就不会实现。相对于竞争性企业而言，垄断者的产品价格更高，生产的产品数量更少。其产品价格超过了生产的边际机会成本，而消费者需要的产品量少于实现帕累托效率的量。垄断的社会成本是损失的消费者盈余，即支付意愿与边际成本之间的差额，垄断者通过垄断行为故意制造了稀缺性，人为减少了产品的生产。垄断也会产生其他负面影响，包括降低产品和服务的质量、遏制创新、导致过高的产品成本。

（2）外部性

某些活动可能将外部损失或收益强加给市场之外的第三方。外部性可能会造成损失，也有可能会带来收益。某些行业（产业）的成本结构并没有完全反映其活动的全部成本或收益。医疗服务行业中，医疗产品本身就会产生外部的收益和成本，如带来居民健康改善和国民体质提升。同时，环境污染、技术进步、人口老龄化等因素也会导致社会成本高于私人成本，并影响个体的行为。

（3）公共物品

公共物品是指个体对该物品的消费不会减少其他个体的消费，即非竞争性消费。但是并不能将公共物品等同于国家或集体提供的生产和服务。竞争性的市场或许不能提供有效率的公共物品生产水平，且难以对提供公共物品者给予充分的收益回报。同时，由于不能将个体排除在公共物品的消费之外，个体可能希望支付较低的价格获得产品或服务，其他人可能会出现"搭便车"行为。这些都会损害企业（组织）获得收益的能力，以致其生产公共物品的意愿极低。

（4）信息不对称

不对称的信息会导致无效率的市场结果和选择。在市场中，具有信息主导地位者可能因信息不对称导致市场失灵，信息不对称也会引发逆向选择和道德风险问题。逆向选择是指当多种物品或行为具有不同的成本、收益和风险，且当事人无法有效甄别时，只能根据这些类别的均值进行判断并做出选择。在医疗市场中，医疗服务价格和医疗费用的收取，并不能根据患者的贫富程度而定，这会导致富人享受了较低价格的医疗服务，而穷人却被收取较高的费用，这就增加了社会的整体损失。道德风险是指当对可能的损失进行收益补偿时，损失的可能和规模就会增加，从而出现过度补偿的现象。例如，通过政府财政补贴对医疗机构进行支出补偿，往往会引发医疗机构的道德风险而出现过度补偿。

3.非市场失灵

对于市场失灵现象的经济学隐喻是规制干预是无成本的。但实际上，规制需要付出高昂的成本，规制本身也会产生扭曲和无效率。Coase（1960）、Williamson（1985）等发展的交易成本和新制度经济学便指出了这一缺陷，并发展出关于政府失灵的理论框架。对于规制的成本，可能在大多数理论研究中都会过度夸大市场失灵的严重程度和可能性，而市场往往只是看起来失灵而已（Spulber，2002），市场也会产生自我矫正的力量。在此基础上，部分学者认为，通过规制进行收入再分配，常是"笨拙"且无效率的，规制工具扭曲了价格和激励，并导致实质性的效率损失。

2.2.3 发展的规制理论

传统规制是基于市场失灵出现和发展的，主要从功能性和"公共利益"视角进行考量，但很多规制体系常被批判并未助益于"公共利益"，而更易被经济利益所俘获（Stigler，1971；Kolko，1965；Bernstein，1955；Breyer，1982）。斯蒂格勒（Stigler，1971）认为规制的设计和运行主要以产业资本的利益为依归，这引发了从经济理论上对规制进行修正（Peltzman，1976、1989；Barke and Riker，1982），以委托-代理和交易成本理论（McCubbins，Noll and Weingast，1987；Horn，1995；Levy and Spiller，1996）为基础，研究利益集团（Wilson，1980）"规制空间"（Hancher and Moran，1989；Scott，2001），关注各类规制的策略和动机，或将规制理解为交流和网络，强调在私人和公共角色间分享规制权力。另外，以执法和遵从为理念，"回应性规制"（Ayres and Braithwaite，1992）、"精巧规制"（Gunningham and Grabosky，1999）或"以问题为中心"的规制（Sparrow，2000）关注动机和行为（Sunstein and Thaler，2008；Jolls，Sunstein and Thaler，2000；Baldwin and Black，2008；LeGrand，2003）。对规制执行的讨论主要涉及"基于风险"和"基于原则"的策略和行动。

规制经济学包括规范层面和实证层面，为价格、获得、质量、准入、接入和市场结构提供经济分析，规制影响评估和成本收益评估则对具体立法进行实证研究，在组织和法律层面用于检视公共机构和规制机构的行为及规则、标准、执行程序的发展、设计。规制经济学涵盖经济规制、社会规制、竞争法和法律制度（Viscusi，Harrington and Vernon，2005；Veljanovski，2006、2007）。规制经济学起始于阿弗奇和约翰逊（Averch and Johnson，1962）对于电力工业领域价格回报率规制带来扭曲效果的讨论，发现自然垄断企业由于规制存在而出现过度投资趋势，被称为阿弗奇-约翰逊效应（Averch-Johnson effect）。公用事业包括天然气、电力、供水、通信及铁路等企业，由于存在自然垄断特征使其免于有效竞争而成为规制经济学的关注对象（Viscusi，Harrington and Vernon，2005；Armstrong，Cowan and Vickers，1994；Laffont and Tirole，1993）。经济性规制关注绩效、产业结构、价格、投资和产出等经济特征；社会性规制关注健康、安全、环境、反歧视等社会效应目标；竞争和垄断规制认为企业可能具有过度的市场权力，在竞争和并购法方面对其施加规制（Motta，2004；O'Donoghue and Padilla，2006）；法律制度包括规制、程序、执行，为规制的制度背景，决定其有效性和正当性。规制的规范理论以经济效率和"市场失灵"为基础，倡导规制的"公共利益"理论，规制的实证方法通过统计分析或成本-收益评估，解释规制的性质、发展及影响。Stigler（1971）最早发展出规制的实证经济学理论，其假设政治上能发挥影响的利益集团、不变的生产者或受规制产业的部分，而非消费者，确立了规制。Peltzman（1976）进一步拓展了斯蒂格勒的理论模型，认为政治市场中的核心"产品"是财富转移。规制来自于利益"团体"的需求，消费者难以形成有效的利益团体，国家垄断了正当的强制权。Posner（1971）认为，在放松规制和私有化过程中，英国公用事业及美国航空业、电信业的实践表明利益集团的政治影响已弱化，公共利益导向已成为政治首要考量因素。Peltzman（1989）指出，生产者正逐步减弱对规制的支持，放松规制会带来收益。Becker（1983）对不同利益集团间竞争而产生的政治影响进行研究，贝克尔模型表明无效率规制的损失大于收益，更需要实施促进公共福利和市场失灵产业的规制。

另外，公共选择理论基础是寻租（rent-seeking），认为特定利益集团通过争取有利的立法来寻求非生产性获利（Tullock，1967；Krueger，1980；Rowley，Tollison and Tullock，1988）。立法及规制使竞争产生壁垒，通过赋予垄断权利，垄断利润转化为非生产性的消耗性成本，形成无效率结果。规制经济学仍处于发展阶段，规制俘获理论的基本要义在于：规制市场权力，培育竞争。公共选择理论始终对公共利益规制保持质疑，认为公共利益原理和公共文化可能阻碍市场的发展，规制俘获会导致规制失灵。Baldwin and Cave（1999）认为，规制经常无法实现公共利益结果，必须从中汲取经验以设计更好的规制。一些学者认为，规制注定会失灵，应当放松规制。由于缺少明确的规制目标很难识别规制成功的公共利益构成要素，主张公共利益存在的理念，并不能成为规制存在的充分理由，在抽象层面探寻公共利益的一般意蕴，很可能徒劳无益（Feintuck，2004）。因此，为追求公共利益目标而进行有效规制，必须确立一个明确的制度架构，考察特定情境下的实体性价值和原则。

近年来，规制思潮中有关规制的正当性前提来自于市场中的个人选择，让基于市场和准市场（Le Grand，1991）的解决方案拓展至属于"公共服务"的医疗保健和教育领域，引入一种从公共利益而非私人利益导向出发的替代视角是必要的，但问题是如何厘清市场价值的局限性和"公共利益"的性质。奥格斯（Ogus，1994）在其著作《规制：法律形式和经济理论》（Regulation：Legal Form and Economic Theory，1994）中提出了规制的基本参量，以市场考量的经济性目标为主导，提出"不受规制的市场具有有限能力实现共同利益目标"，但其关于规制干预论述中，"公共利益"前提只是一种泛论，"很难对公共利益概念加以确证，达成共识"（Baldwinand Cave，1999）。奥格斯认为在规制领域中，个人都会理性地做出效用最大化的选择。"在政治体系中，市场交易关系也发挥着重要作用"（Ogus，1994）。"经济人存在于常规市场中，也存在于政治领域中，其运作形式是趋于自身偏好最大化"（Craig，1990）。公共选择学派理论假设通过个人选择的展开，也使得整体福祉趋于最大化：只有当出现需要纠正"市场失灵"，以确保市场持续"适当"运营时，才需要规制干预。

2.3 新公共服务基本理论

新公共服务理论起源于20世纪，是为弥补传统公共行政理论与新公共管理理论的现实缺陷而提出的理论，是对传统理论的扬弃。"新公共管理运动"在20世纪80年代盛行，这场运动的主导理论——新公共管理理论成为了政府管理制度改革的指导理论。但新公共管理理论并不适用于所有国家，理论与现实存在一定的差距。基于此，以登哈特夫妇为代表的学者们对新公共管理理论进行了批判，并提出新公共服务理论，以期理论更好地服务现实。新公共服务理论与新公共管理理论本质上存在着不同，登哈特夫妇认为，在民生及公共利益层面上新公共管理理论存在着不可避免的问题，与新公共管理理论相比，新公共服务理论更加完善，也更适应当前的社会现实环境。

2.3.1 新公共服务基础理论

新公共服务理论包含四个基础理论，即：民主社会公民身份理论、社区和市民社会模型、组织人本主义思想以及后现代公共行政理论。四个基础理论构成了新公共服务理论的基本框架。

1.民主社会公民身份理论

新公共服务理论极其重视民主社会中公民的权利，因此，新公共服务理论强调政府要保护公民依据自身利益、利用投票等程序行使自己公民权利的活动。公民会因此而更加积极地参与到公共事务的治理中，甚至公民对公共利益的关注要甚于对自身利益的关注，公民看待行政事务的目光也会更长远、更广阔。从政府的角度来看，新公共服务理论要求公共行政人员不仅仅把公民看作委托人、投票人或顾客来看待，更应该把他们当作公民本身来看待，行政官员需要减少对公民的控制，并相信合作的效力。政府应主动下放权力，加强与公民的合作关系，推动公民真正参与管理公共事务中去。新公共服务理论开启了政府与公民共同治理的新型关系，推动治理的良性发展。

2.社区和市民社会模型

随着市民社会的发展，公民的利益需求与行为方式日益变得多元化。在公民的相处过程中，既有合作又有冲突。当冲突发生时，社区恰恰是消除冲突的重要场所。社区可以为公民们提供一个能以个人对话与讨论的方式一同进行参与的环境。表面上政治活动中缺乏大规模的群众参与，但实际上公民通过社区这一媒介在进行着活动参与，这种形式的活动参与构成了公民权的一个试验场。事实证明，对于公民政治领袖来讲，社区活动变得越来越重要。从政府的角度来看，社区为政府提供了有效的对话和讨论渠道，并且为推进民主治理提供了机会。另外，政府的参与也加强了政府与公民间的关系。因此，新公共服务理论强调政府要参与并支持社区建设，推动社区进一步发展。

3.组织人本主义思想

组织人本主义思想的提出意在反对官僚制组织，认为运用理性模式将组织关注的焦点集中于人的一致的、可程序化的、有组织的思维活动上是错误的，官僚制限制了人的活动，影响了人的作用发挥。从政府的角度看，人本主义希望将政府组织改造成减少固定枷锁、能更好地发挥人的主观能动作用的组织。新公共服务理论强调政府要通过组织营造适宜解决问题的自由开放的氛围，使组织成员相互之间可以达成信任，利用各自的知识和能力所带来的权威来将角色或者地位的权威取代。新公共服务认为，组织人本主义能够出现创造性的对话与感情的共鸣和尊重，这不仅使团体和组织能够更加有效、负责地应对环境的复杂性，而且有助于个人的成长和发展，只有这样，才能充分发挥人的作用。

4.后现代公共行政理论

新公共服务理论认为，相对于从外部观察人类行为，内部自我观察可以更好地发现问题，充分强调了人的主观作用。在现实中，价值与事实往往掺杂在一起，从新公共服务理论来看，大多数情况下，价值对于人类行为的重要性要比事实更大。由于人类行为的特殊性以及人类个体的差异性，不可能用自然科学的衡量方法来进行观察。客观理性的方法也衡量不出人类行为的非理性成分——直觉、情绪和情感。从政府角度看，政府与公民最好的协调对话方式是尊重公民作为具有经验、直觉和情感的人，而非自利的理性个体来进行接洽。为此，新公共服务理论呼吁要利用后现代话语语境来解读公共行政的努力，强调行政人员与公民的有效对话十分重要。

2.3.2 新公共服务代表性范式

新公共服务理论不否定新公共管理理论所关注的资源配置效率、绩效以及生产的相关问题，但新公共服务理论格外注重公民权利和公共利益。作为新公共服务理论的代表学者，登哈特夫妇将新公共服务理论进行了概括，并与新公共管理理论进行了比较，共总结为七个方面。

1.政府职能

与新公共管理理论将政府职能认定为"掌舵"不同，新公共服务理论将政府的职能认定为是"服务"，政府的作用即通过政府行为来促进公民表达自身诉求，进而让政府与公民二者的共同利益得以实现。公共行政人员对"服务"的理解偏差以及服务意识的淡薄，有可能会导致政府不足以实现服务的职能。因此，公共行政人员及政府的工作重点应该转移到为公民争取利益上，加强服务意识。

2.政策目标

新公共服务理论与新公共管理理论的政策目标的差异，体现在对公共利益的态度上，新公共服务理论认为公共利益并不是副产品，反而公共利益应当作为公共行政人员努力去完成的最终目标。最终目标应该脱离个人利益而存在，公共利益应该在共同责任与分享利益之中被创造出来。对于公共需要制定的政策与计划应该贯彻执行与落实。

3.政策执行

新公共服务理论认为，政府需要战略性的思维来实现满足公共需要的政策与计划能够被贯彻落实并进行有效执行。在政府行动的整个过程中都要能够保证民主，只有保证了民主不缺失，政府才能够保证公民能够充分参与到整个过程当中，加快整个政策流程的推进。

4.服务对象

与新公共管理的顾客导向不同，新公共服务坚持公民导向。新公共服务理论认为政府需要把公民作为服务的对象，政府与公民的关系不应该是企业与顾客的关系，公民的需求与利益需要被政府所重视。政府为公民提供服务时应该秉持公平公正原则，服务的过程中需要确保公民出现在共同价值观念的对话中。政府需要倾听民众的诉求，与公民建立合作关系。

5.价值取向

新公共服务理论将政府的关注对象从事转移到人，通过管理"人"来保证所有程序得以正常进行。从公共行政人员角度来讲，公共行政人员需要拥有足够的责任心与较强的奉献精神，尊重其所参与的公共组织以及组织网络中的人。另外，公共行政人员也应具有强烈的公民意识。从政府角度来讲，公共行政人员也需要被关注与善待。

6.多元责任

新公共服务理论认为，政府的责任是多元的，政府需要关注市场动态，同时也要兼顾政策与法律的制定与执行。公共行政人员的责任也是多元的，既要完成自己的职业任务，又要重视政治行为准则与社会价值观的践行，积极为争取公民利益而努力。

7.治理理念

新公共服务理论与新公共管理理论在治理理念上存在差异。新公共服务理论不再如新公共管理理论一样局限于政府应有企业家视野，新公共服务理论更加重视政府对公民权利与公共利益的重视程度。与企业家通过提高生产率来实现企业利益最大化的目标不同，公民是政府的真正所有者，政府需要管理公共资源、提供公共服务、监督公共组织、保障公民权利、促进民主对话并鼓励公民积极参与社区活动。新公共服务理论认为，政府在解决公共问题、治理社会事务时应该主要充当参与者的角色，也需要承担相应的责任。

3 中国医疗服务规制的历史沿革与发展

中华人民共和国成立至今70年来，我国医疗服务系统的建设和发展经历了从无到有到不断发展和改革的过程。伴随我国医疗卫生体制改革进程的逐步深化，我国开始逐渐在医疗服务系统的建设中引入市场竞争机制，政府也开始更多地鼓励社会办医，推动医疗卫生体制中竞争机制的良好运转。医疗服务的价格也从最开始的低于成本定价转向政府给予医药价格的足额补贴，最终走向政府指导价格，即实行医疗服务和医药价格的最高限价政策，医疗服务的价格规制政策也在数次变迁，经历了一个从政府全过程规制、放松规制到医改非市场化方向的缓慢发展过程。参考已有文献和我国的政策实践，本书将我国医疗服务价格规制政策的演进历程划分为以下四个阶段。

3.1 计划经济时代医疗服务规制的特征（1949—1983年）

3.1.1 计划经济时代背景

中华人民共和国成立之后，国家开始实行计划经济政策。在最初，国家物资紧缺、财政困难，政府支出多用于发展农业和军事，对医疗事业的资金支持较少。第一个五年计划之后，国家财政紧张的情况得到缓解，政府将医疗卫生事业确定为纯福利事业，对其资金补助逐渐增多，包括基础建设、医疗设备以及医务人员工资在内的所有费用均由政府统包。

1980年卫生部发布的《关于允许个体开业行医的问题请示报告》中对医疗卫生领域允许个体行医做出明确规定，个体开业行医的合法化打破了一直以来政府包办医疗服务的局面。此前，国内的大小医院无论级别高低均隶属政府，国家对于公立医院有专门的财政补贴政策，典型的特征表现为：一是进行统收统支和全额管理，即国家对医院的所有经营收入和日常运营支出状况进行管理。医院的经营所得均上交给政府，然后再由政府的财政预算进行拨款，维持医院的日常运营。二是实行差额补助和定项补助。这种拨款方式能够切实保证医院内部各个环节都正常运行，保证医院的正常运营。

3.1.2 计划经济时代医疗服务规制措施

这一时期医疗服务价格规制的特点是采用低于成本的价格政策，为保证医疗服务的福利性，不断调降医疗服务价格。1954年，政府开始实施医院药品加成政策，即县级以上（包括县级）的医疗机构在销售药品的时候，可以在进购价格的基础上增加不高于15%的加价率作为实际销售价格，药品加成能够让医院的药品收入显著提高。为了防止出现垄断定价的情况，确保医疗市场能够进行公平交易，政府对相应的医疗服务价格和医药费用采取一系列限定措施，这些都是政府部门采取的重要规制措施。至20世纪80年代中期，我国医疗服务的收费标准的制定工作开始由各级卫生行政管理部门和财政部门共同完成，而后各级政府的物价部门对此进行审核批准，并最终在各自的辖区内执行。医疗服务人员的工资水平则是由各地人事部门依据行政级别的标准进行核定。在具体的医疗费用控制方面，则是由政府部门在坚持收支平衡原则的前提下，采取统收统支的方式进行，主要的医疗费用是通过政府财政和集体基金完成支付的，如果医疗机构出现经营亏损的情况，同样是由政府财政或者集体基金进行弥补。

我国政府部门明确将医疗服务收费分为医疗服务项目收费和药品收费两种，实行不同的价格政策。中华人民共和国成立初期，为了让城镇职工获得充足的医疗保障，政府部门将医疗卫生事业的性质确定为纯福利性事业，因此实行了公费医疗制度、劳保制度以及预防保健免费政策，使其能够以低于成本的价格获得医疗服务。在改革开放初期，我国整个医疗卫生系统被视为一项社会福利事业，政府先后制定了各种法律法规和相关政策，在进行统一规划、组织之后，根据各医疗机构的行政隶属关系，分别在城乡建立起三级医疗服务机构[①]。三级医疗服务机构分别为最高一级的公立医院，处于中间位置的职工医院和厂矿医务科室，处于最基层的农村卫生室和村医务室等。在此期间，受政府医疗资源配置的影响，我国在较长的一段时期，外资和民营资本无法顺利进入医疗服务市场。国家规定公立医院为非营利性质，保证医院日常运营的责任人是政府，全额预算制下，政府能够担负公立医院运营的盈亏状况。

3.1.3　计划经济时代医疗规制痼疾

政府为强化医疗卫生服务事业的福利性，曾经前后三次大幅下调医疗服务的收费标准，这样一来，居民享受到的医疗服务的成本实际上远远高于其支付的价格。1958年以前，政府部门为医院制定的收费标准远低于实际成本（具体包括医务工作者的劳务费用成本和医疗物资的实际成本），尽管医疗服务的定价偏低，但是医院能够获得政府的财政支

① 《当代中国的卫生事业》编写组.当代中国的卫生事业(下)［M］.北京：人民卫生出版社，1984：31，41.

持，并且提供公共服务的医疗机构无须向政府缴税。在此背景下，不仅医疗卫生服务机构能够实现收支平衡，医院也能够维持良好的日常运转，更重要的是，民众还能够从廉价的医疗服务中获益。1958年以后，医疗收费标准的大幅度降低使得医疗服务价格远远低于实际成本，政府财政补助远不能补偿医疗机构因收费标准下降而造成的损失，最重要的还是依靠政府的政策指导、社会的道德约束以及医院内部的管理制度对医院的内部管理和医生的诊疗行为进行约束和规范，以此保证医院能够为患者提供良好的诊疗服务。这样的价格政策不仅让国家负担沉重，医疗机构也出现收不抵支的状况，日常的运营难以为继。

在这个时期，医疗规制的特征表现为行政性的全面规制模式。这种严格的规制模式不仅能够为民众的身体健康状况提供切实保障，还可以在维护社会稳定方面发挥积极作用，更重要的是，还能够对经济建设起到恢复和促进作用。中国医疗卫生事业在较短时期内就取得巨大成就，并且被世界卫生组织命名为"中国模式"。但美中不足的是，严格的行政规制模式和依赖行政方式建立的体制机制难以长期持续发挥有效作用，存在较大隐患，缺乏可持续发展的条件。

3.2 改革开放后医疗服务的市场化探索（1983—1997年）

3.2.1 改革开放时代背景

改革开放的不断深化和市场经济的快速发展使得政府在医疗服务的市场化发展方面不断探索。改革开放特别是20世纪80年代以来，随着我国医疗费用的持续增加，企业和国家面临沉重的经济负担，人民基本的医疗保障需求很难得到全面保障。面对这一实际问题，我国开始对医疗服务业改革进行深入探索，调整医疗卫生服务价格。20世纪80年代后，国家相关政策明确规定，政府仍然对医院的基本建设和仪器设备的购置负责，并且对县及县以上公立医院的财政补贴按照"全额管理、定额补助、超支不补、结余留用"的原则进行，根据编制规定的床位对医院进行定额补助，具体的补助定额则依据各类医院的实际状况而定，增收节支所得的结余部分则主要用于两方面：一是改善医疗条件；二是集体福利支出和个人奖励（俞卫、许岩，2013）。在这一阶段，药品价格相对比较稳定，为适应市场经济，国家定期实行调价政策，医疗服务价格根据定期调价政策浮动。同时，在不增加就医者个人负担的前提下，让患者支付的实际医疗服务价格不会低于医疗服务的成本价，以此确保医院能够增加营业收入，国家补偿有限的问题也能得以缓解。财政部和卫生部于1983年规定实行两种不同的收费标准，对于自费医疗，保持医疗服务价格不变；对于公费医疗和劳保医疗，则是对一部分收费项目按照不含医务人员工资的成本费收取。这样还是存在大量医疗服务价格远低于实际成本价格的现象，政府部门作为定价者又难以依据医疗服务成本的动态变化对其价格进行及时准确的调整。随着医用器材价格的不断上涨，大量省份的医疗服务价格并没有得到及时调整，后果就是患者支付的医疗服务价格偏离成本价格，而政府实行的专项补助、超支不补以及结余留用等政策使得政府提供的补贴无法弥补医疗服务投入品价格上涨带来的支出增加。

3.2.2　改革开放后医疗市场化措施

1985年是中国医疗制度改革的元年，《关于卫生工作改革若干政策问题的报告》的出台标志着我国医疗制度改革的开始。该报告中指出，应尽快对医疗卫生体制进行改革，简政放权并且放宽政策，全方位拓宽卫生事业发展的方向，切切实实把医疗卫生工作做好。当时推进医疗改革的核心思路就是扩大医院自主权，但是在具体的改革过程中，政府却只给政策不给资金支持。1990年至1993年间，我国政府在医疗卫生方面的预算支出平均以每年11%的速度增长，但是我国医疗服务投入品价格的年增长率却达到了18%的水平，政府在医疗卫生方面的预算支出增长速度远不及实际的医疗服务投入品价格的增长速度（Liu et al.，2000）。这实际上说明政府拨给医院的预算在逐年递减。由于政府投入的减少，医疗机构生存难以为继，为了确保医院的日常运营，同时弥补由于过低的医疗服务价格带来的经费不足问题，政府开始允许医疗机构设立药房，通过药品的收入补充财政政策补贴的不足。1987年，国家继续推出新政策，允许对除基本医疗外的医疗服务采用在成本的基础上加价15%的收费价格，形成了"以药养医"制度。1989年，我国选取了辽宁丹东、吉林四平、湖北黄石以及湖南长沙和株洲等城市进行医疗保险改革的试点，以此加大对供方的医疗费用的必要控制。试点期间采取的主要措施包括以下方面：一是对药品支出进行严格控制，具体表现为制定基本药品和公费医疗药品使用报销的目录；二是进一步对公费医疗和劳保医疗加强管理，确保政府部门、公费医疗和劳保医疗享受者所在单位以及医院按比例分担相应的经济责任；三是经费的划转根据具体的人数和定额标准进行，医院的结余可以留作自用，但是超支的部分需进行分担，以此激励医院对医疗费用的支出进行控制。随着医疗服务制度改革的全面推行，医院逐渐拥有经营自主权（曹东海、傅剑锋，2005）。医疗服务价格规制政策发生变化使得医疗机构的收益增加，资金短缺的问题也得以缓解。在这一阶段，我国医疗市场开始萌芽，并且将医疗机构激励机制作为基础的市场化改革开始推进。

3.2.3　医疗服务市场化探索成效

1992年，国务院下发《关于深化卫生医疗体制改革的几点意见》，强调应在尊重市场规律的前提下进行改革，需在确保医疗预防和保健体系都能够正常供应的情况下，调整收费结构。由于基本医疗服务部分和特殊医疗服务部分存在差异，因此该意见中分别根据各自的实际情况提出改革的相关建议，对其分配方式做出调整，在工资结构和绩效发放上进一步明确了允许试行包干创收，鼓励兴办医疗副业。自费医疗收费标准也向公费医疗和劳保医疗的收费标准并轨。1995年，国务院在对医院进行等级评审的基础上，根据不同医院之间的等级差别制定了差异化的收费标准，并且在江苏的镇江和江西的九江这两座城市开展城镇职工医疗保险制度的试点。次年，政府召开全国卫生工作会议，该会议首次明确了社会主义市场经济环境下中国医疗卫生事业改革与发展的基本方向，让医疗机构的自主权能够进一步扩大，提高医疗机构的市场化程度，促进其经营活力的提升。这一阶段中国医疗机构能够从政府财政获得的补贴十分有限，但其营业收入的不断提高弥补了原先的收入不足问题。但是，需要指出的是，医院在效率得到极大提高的同时，其公益性却大不如前，进而带来医疗费用持续增长的问题，"看病贵"的问题也日渐凸显。

3.3　政府医疗服务规制的反思阶段（1997—2009年）

3.3.1　政策反思时代背景

在这一阶段，国家确定了对公立医院"核定收支"，政府对医院实施的财政补贴政策可以概括为"定额或定项补助，超支不补，结余留用"，即医院将所有的收支预算情况上报给上级主管部门核定，上级主管部门根据特定的标准给予医院一定金额的财政补贴，医院在获得政府的财政补助之后，其收支由其自求平衡，超过定额补助的支出政府不再给予补贴，因增收节支带来的结余，可以结转下年留用。随着改革的深入，医疗服务市场化程度逐渐加深直到完全市场化，政府对医疗服务价格的规制逐渐松动。然而，医疗服务市场化在发挥其作用的同时也使得一些现实性的问题逐渐暴露，医疗服务市场化的弊端显现，尤其是2003年的"非典"之后，政府主导还是市场主导的争论开始愈演愈烈。

3.3.2　医疗服务规制优化措施

1997年，中共中央、国务院颁布《关于卫生改革与发展的决定》，标志着我国医疗服务改革的开始。该决定中明确提出，应不断完善政府对于医疗卫生服务价格的管理。为此首先应对不同医疗卫生服务的性质加以区分，并且根据不同性质实行有差别的定价原则。对于基本医疗服务而言，考虑其保基本的特征，应按照扣除了财政经常性补助之后的成本进行定价，而对于非基本医疗服务，则应按照略高于实际成本的价格进行定价，对于一些可以进行自由选择的特需服务，政府应适当放开价格。为了引导患者就医合理的分流，应适度拉开不同级别医疗机构的收费标准。对于技术劳务性质的收费项目和收费标准应适度提高，但是对于大型设备检查治疗项目过高的收费标准则应予以降低。此时，我国的医疗服务价格管理的整体政策由国家发展和改革委员会负责制定，具体医疗服务价格和项目价格的制定则是由地方物价部门执行，医疗服务价格规制过程中采取了统一领导、分级管理的原则。全国范围内没有设定统一的项目管理规范和统一的价格制定标准，各地可以结合自身发展的实际情况制定各项医疗服务项目的价格，因此各地在医疗服务名称、内涵以及数量等诸多方面存在很大差异。与此同时，政府部门对于新增医疗服务项目的行政审批的规范性不足，导致医疗机构中出现医疗服务价格项目繁多，项目设置混乱，医疗服务价格的内涵缺乏统一性的规定。信息不对称带来的后果是医疗机构为追求自身利益最大化，对医疗服务项目进行拆分收费、服务项目收费不合理以及服务标准不一致问题频频出现。卫生部组建的全国医疗服务项目课题组开展的调查结果显示，我国医疗服务收费项目设置不合理、分解收费项目的现象普遍存在（申笑颜等，2011）。

2000年，国务院体改办等发布《关于城镇医药卫生体制改革的指导意见》，标志着我国医疗服务市场的完全市场化。该意见明确指出，需对我国医疗服务价格政策开展更加规范化的管理，不断完善我国医疗服务价格体系建设。同年，卫生部和发改委下发的《关于改革医疗服务价格管理的意见》正式提出取消政府定价，非营利性医疗机构实行政府指导价，营利性医疗机构则由市场自由调价。但是这个意见中还指出，需要对全国范围内的医疗机构的收费项目进行规范化管理，对全国医疗服务的项目名称和具体内容做出统一规定，但是具体的收费价格则由各省份自行制定。

为了确保统一的医疗市场价格的实现，2000年10月，国家颁布《全国医疗服务价格项目规范》，该文件对我国各项医疗服务项目的具体分类、名称及内涵之外的内容和计价单位等都做出了十分明确的说明和具体的规定标准。文件中一共列举了3 966项医疗服务项目，并且对各个项目的政府指导价做出规定，其中包括了各项目分省、市以及县这三级定价。以该文件为基础，我国不断走向深化医疗服务价格规制的改革之路。各级医疗机构开始实施按照国家项目进行调整之后的医疗服务价格，具体包括以下几个部分：一是对原有的医疗服务项目进行统一和合并；二是对部分医疗服务项目的价格进行规范化管理和调整；三是对医疗服务价格制定方法和管理制度进行改进和优化等。本次医疗服务价格的调整标准坚持"两低一高"的思路进行，"两低"指的就是降低药品的价格、降低大型医疗设备检查的价格，"一高"指的是提高医疗劳务的价格水平。医疗服务项目价格调整的预期目的在于对快速增长的医疗费用进行抑制，并保证规范化管理之后的总体医疗服务价格水平与当时的实际医疗服务价格水平持平甚至略有下降。总体而言，此次医疗服务价格的调整实际上就是抑制医疗费用的快速增长，确保医疗服务价格的整体水平保持稳定状态，通过采取规范收费和理顺服务价格的措施，确保患者的医疗费用支出下降。但是，在新的规范实行之后，医疗机构的收费乱象并没有得到显著改善，乱收费的情况依然存在，部分医疗机构还存在同时执行新旧两种价格标准的行为，还有一些医疗机构既执行新的价格标准又保持原先的价格标准进行收费的现象。这些现象的存在说明医疗机构没有因为新的规范化管理和价格调整而解决医疗服务定价和收费混乱的问题（李晓阳，2010）。

3.3.3　医疗服务规制反思

2003 年以来，城市居民医疗保险和新型农村合作医疗相继出现。"非典"疫情使大家充分意识到医疗市场化的弊端，此时医疗服务价格规制中出现两类观点：一类是支持政府主导的"政府派"，另一类则是支持市场主导的"市场派"。国务院发展研究中心与世界卫生组织联合发布的研究报告《中国医疗卫生体制改革》就代表着"政府派"的观点，报告指出中国医改过程中出现的市场化倾向是不正确的行为，市场化倾向的出现实际上违背了医疗服务机构本身的公益性特征。此外，报告还明确指出，尽管中国医改至今已经取得一些成绩，但是整体而言，还存在大量问题亟待解决。在深刻反思中国医疗服务体制改革的基础上，该报告对其后的改革提出了"医改方向非市场化"的新设想，加强政府在医疗服务领域中的规制作用成为新的共识。

2006 年 8 月，由国家发改委和卫生部组织，连同财政部、劳动和社会保障部、民政部等 14 部委共同组成医改协调小组，共同研究医疗服务体制改革的重大问题，中国式医疗改革方案正式进入调整阶段。2007
年，卫生部开始加强对医疗服务价格和医疗服务项目的管理，各地区需
要对当地的医疗服务价格和项目进行科学的成本测算，并且进行必要调
整。该年我国医疗改革方案的基本思路和总体框架得以初步确定。同年
12月，时任卫生部部长陈竺对城乡居民医疗卫生体制改革的具体情况
做出报告，并且强调我国将于2010年初步建立基本医疗卫生制度框架。
报告明确了当时医疗卫生体制改革的重点：一是对政府责任和投入进行
强化，明确政府的主导地位。第二是做好农村地区的基本卫生服务体系
建设工作，不断完善城市社区的基本医疗服务体系。第三是对医药管理
体制和运行机制进行改革，坚决推行医疗机构属地化全行业管理。所有
医疗机构均由当地卫生部门进行统一管理。公立医院还应坚持遵循公益
性的基本原则，坚守社会效益的准则。通过渐进式的方式逐步取消以药
养医的补偿机制，将医院的日常运行与药品销售的利益关系分割开来，
进一步降低药品的价格。政府层面则应继续增加财政补助，为医院提供
更加充足的财政支持，还可以通过适当提高医疗服务价格的方式进一步
完善公立医院的补偿机制。第四是尽快建立起多层次、更全面的医疗保
障体系。2008年初，"新医改"方案提交全国人大常委会审议，其中明
确提出：确立公共医疗公益性。

3.4 "新医改"背景下医疗服务规制的重构（2009年至今）

3.4.1 医疗服务规制"新"路径

2009年，《关于深化医药卫生体制改革的意见》的发布标志着"新
医改"正式开始。"新医改"的首要任务就是尽快解决民众"看病难、
看病贵"的难题。较之于以前的医保改革，"新医改"更强调政府主导
和政府监管，政府与市场有力配合促进医疗服务行业的蓬勃发展。

3.4.2 医疗服务规制重构主要阶段

自2009年国家颁布新医改方案以来，中国新医改已经历经了10个

年头，这10年可以分为三个阶段。

2009—2011年是新医改的第一阶段，初步建立了中国特色医疗卫生制度的基本框架。该阶段的核心工作主要包括五方面内容：一是推动公共卫生服务朝着均等化的方向发展；二是促进基本医疗保障制度朝着规范化的方向前进；三是初步建立起基本药物制度；四是不断完善和优化基本医疗服务体系；五是公立医院改革（李玲、陈秋霖，2012）。"医疗机构对医疗服务和药品进行定价"在2009年颁布的《关于深化医药卫生体制改革的意见》中有明确规定，非营利性的医疗机构都应该采用政府的指导价格。因此中央政府在医药价格制定方面的关键任务就是确定好医疗服务的价格政策以及具体的定价原则和方法；地区的相关部门则完成对指导价的核定工作；在支付方式方面则需要不断研究支付方式改革路径。尽快建立起医用设备仪器的价格监测机制，对检查治疗服务成本的监审机制和价格定期调整机制进行完善和优化（陈峰，2011）。此后颁布的系列文件，包括《国务院关于印发医药卫生体制改革近期重点实施方案（2009—2011年）的通知》和《改革药品和医疗服务价格形成机制的意见》等，表明医疗服务价格规制的改革正在不断推进。国家层面开始提出坚持医疗服务机构回归公益性原则，各级政府开始加大对医疗机构的预算投入，这些投入主要是用于机构的基础设施建设和设备更新、重点学科的研究发展以及医疗机构相关离退休人员的费用和补贴方面，对于医疗机构承担的公共卫生服务等任务则会给予专项的资金支持，确保合理规范的公立医院政府投入机制能够最终形成。《全国医疗服务价格项目规范（2010版）》的发布标志着我国医疗服务价格管理朝着更加规范化的方向发展。至2011年，公立医院开始取消药品加成政策并且采用政府的指导价格。2009到2011年的三年间，我国的医疗保险改革取得一定成绩，基本医疗保障制度的覆盖面已经超过95%，城乡居民开始能够享受到更具公平性的医疗服务，"看病难"和"看病贵"问题也在一定程度上得到了缓解。

新医改迈向第二阶段是在2012年，该年国务院出台了"医改十二五"规划，还发布了大量与医疗改革相关的文件和方案通知，率先出台的就是《"十二五"期间深化医药卫生体制改革规划暨实施方案》，该文件强调应加快全民医保的建设步伐、进一步完善基本药物制度，并且提出应妥善处理好公立医院改革的系列工作。其次就是《全国医疗服务价格项目规范》，该文件的主旨要义则是进一步保证医疗服务价格改革的规范性，并且强调在具体的改革过程中应关注医疗工作者的技术劳务成本。再次就是该年 4 月发布的《深化医药卫生体制改革 2012 年主要工作安排的通知》，通知主要强调两方面内容，一是取消试点地区的药品加成政策；二是确保不会给患者增加额外支付压力的前提下，调高医疗技术劳务的价格，同时降低医疗器械的检查费。取消药品加成政策的直接影响就是医院收入降低，医院将亏损，医院只能摆脱对药品收入的依赖。为防止医院亏损，减轻医院的财政压力，实现医院的可持续发展，国家规定医院减少的收入将通过调整部分技术服务收费和增加政府投入等途径来补偿，并将医保资金作为公立医院主要收入来源。

我国新医改顺利迈向第三阶段的标志性文件就是《全国医疗卫生服务体系规划纲要（2015—2020 年）》。2015 年的政府工作报告中就明确提出了要对医疗服务价格进行合理的调整，这意味着医疗服务价格的调整开始进入攻坚阶段。随后的《深化医药卫生体制改革 2016 年重点工作任务》中明确提出：应尽快将控制医疗费用的快速增长作为改革的重要目标，建立起全面科学有效的补偿机制；健全医疗服务价格调整机制，进一步增加政府在医疗卫生领域的财政补助支出，优化调整医保支付方式以及加强医院的内部核算，在节约成本的前提下推进多方共担的补偿机制；通过对药品、器械以及耗材进行集中采购，对医保费用进行合理控制，对诊疗行为进行规范化管理，对不合理的检查费用进行严格控制，逐步对医疗服务价格进行调整，而不能仅仅针对取消药品加成部分调整价格，调整的部分要按规定纳入医保支付范围；要求各省（自治区、直辖市）结合自身的实际状况控制好医疗费用增幅，并且对当地不同级别和不同类别的医院的功能进行定位，结合当地的控费要求进行适度的动态调整。此外，还需在全国范围内设定控制医疗费用增长的具体目标，并且要求各地区在 2016 年 6 月底之前根据自身实际情况确定好区域医疗费用增长的幅度。

3.4.3 医疗服务规制未来展望

虽然目前我国的基本医疗服务制度已初步建成并经过了一系列的改革，但医疗服务价格项目和定价仍不合理。医疗服务成本核算的准确度不足，医疗服务定价的科学性不足，挂号、诊疗、护理以及手术的医疗服务价格偏低，无法体现出医务人员的技术劳务价值和高技术含量医疗服务项目的价值，而一些大型医疗设备和仪器的检查项目价格则偏高，偏低与偏高价格同时存在（白竹兰等，2015）。医疗服务价格规制项目也不合理，收费项目不规范带来的重复收费问题、升级收费问题以及一次性医用产品的管理混乱等问题也十分突出。不仅如此，医疗服务价格的补偿制度尚不健全、制度监管的不到位使得"看病贵、看病难"问题仍然普遍。医疗费用的不断上涨，不仅会增加患者经济负担、抵消医改成效，还会大大加重政府的财政负担，制约我国经济的可持续发展。

4 医疗服务价格规制对医疗服务效率的影响

  中国医疗卫生体制改革过程是政府医疗规制政策的变迁历程，自20世纪80年代至今，政府医疗服务规制改革通过不断的调整，确立的改革基本思路为：以"健康中国"为目标的公益性基本医疗卫生保障体系。中国医疗服务规制改革被普遍认为是没有"受益者"的改革（刘继同，2005），2005年国务院发展研究中心的《中国医疗体制改革的评价与建议报告》更是直接指出："医改是不成功的，原因在于市场化改革没有遵循医疗卫生事业的发展规律。"政府在医疗服务领域是否有必要实施合理的规制，在理论上已无须争论，目前争议的焦点在于政府规制措施是否有效。完善的医疗服务体系应以市场资源配置方式及医疗价格形成机制为基础（顾昕，2005），实施有效的政府规制，抑制过度市场化导致的政府失职与市场失灵（李玲，2005）。而我国医疗卫生体制是以政府为主导的公共医疗服务供给模式，并未形成以市场供需为基础的价格调节机制。为了能够对医疗服务成本的快速增长进行抑制，为患者提供更加优质的医疗服务产品，政府以直接的行政指令强制对医疗服务机构的诊疗行为和服务行为进行规范，并且设定了医院的医疗服务价格和药品的利润率上限，保障医疗服务低成本供给，但政府医疗服务价格规制措施基本以"降费"为目标，并未建立起以医疗服务效率作为核心的价格机制。这样一来，政府的医疗服务价格规制措施在政策实施过程中，并未获得广泛的社会认同。医疗卫生关乎民生保障，影响公众健康与社会和谐，因此，深入分析政府医疗服务价格规制措施的政策效果，对调整价格规制方式、提高规制效果具有实际价值，也能为中国医疗卫生体制改革提供理论依据。

本书旨在通过实证研究，探究医疗服务价格规制对于医疗服务效率的具体影响，从医疗结果及成本效率等方面深入分析政府价格规制改革对于公立医疗机构医疗服务效率的即时和长期影响。实际上，社会公众对于医疗产品及服务的关注焦点不仅在于"价格"，更在于"质量"，如何建立一种与医疗价格相匹配的质量保障机制是价格规制的重点。价格规制措施对医疗服务效率的影响国内外已有相关研究，但具体影响效果并未取得一致性的结论，国内对相关议题的实证分析更是罕见。本书以价格规制理论为基础，分析价格规制与医疗服务效率间的内在关系，客观评价政府价格规制的政策效果，结合中国医疗卫生体制特点，为破解政府"规制失灵"困境提供理论参考。

4.1 理论分析

规制经济学为价格、获得、质量、准入、接入和市场结构提供经济分析，通过对规制影响、成本-收益进行实证研究，可以促进对规制机构的行为规则、标准程序和发展设计的有效研究。规制经济学涵盖经济规制、社会规制、竞争法和法律制度（Viscusi, Harrington and Vernon, 2005; Veljanovski, 2006、2007）。其中，经济性规制关注绩效、产业结构、价格、投资和产出等经济特征（Motta, 2004; O'Donoghue and Padilla, 2006）。规制理论以经济效率和"市场失灵"为基础，倡导"公共利益"，通过统计分析或成本-收益评估，解释规制的性质、发展及影响（Stigler, 1971; Peltzman, 1976; Becker, 1983; Peltzman,

1989）。

由于医疗服务市场具有特殊性（Kenneth Arrow，1963），公立医疗机构以非营利方式向社会提供公共医疗产品。医疗服务市场的自然垄断性特征导致行业内竞争的低效率，实施规制是为有效规避医疗服务市场运作风险、实现公共医疗服务公共利益目标而采取的有效政府政策工具，可以提高社会整体福利（Owen and Braeutigam，1978）。因此，大多数政府在治理医疗市场过程中均采用规制作为合理的政策工具。虽然医疗卫生产品中只有部分具有公共产品属性，但医疗卫生服务具有很强的正外部性，无法按照"谁受益，谁分担"原则承担成本（Paul J. Feldstein，1988）。同时，医疗服务供需之间的信息不对称可能导致供给诱导需求问题（Shain M and I Roemer M，1959；Arrow，1963），信息不对称的医疗需求受供方引导会导致"反常"的价格反应，进而增加供应数量并提高需求价格（R G Evans，1974）。公共利益规制理论认为，医疗服务领域的市场失灵很难通过其他形式的竞争加以纠正，必须加强政府对医疗服务市场的管控（Leffler K B，2000）。但是，如果医疗服务市场中供给方对消费者需求起决定性作用，那么市场机制将不能产生公平的均衡价格并实现资源的最优配置，如果供给诱导需求导致市场失灵，政府规制便成为医疗服务治理的唯一政策选择（Reinhardt，1989）。

价格规制是医疗服务市场最常见的经济规制方式。20世纪70年代，美国便开始采用设定费率的医疗产品定价制度。关于价格规制的早期研究主要集中在其对医疗保健费用的影响方面。早期，相关学者普遍认为国家控制住院费用效果很差，但比利斯等认为（Biles et al.，1980），医院费率对医院成本年均增长率存在显著差异，医院费率规制具有有效性。通过对医院住院费率规制和价格调控的实际效果进行评估，发现价格规制对控制医院运营成本的增长率进行有效控制的同时，还能够进一步缓解各级政府所面临的新的财政预算压力（Melnick et al.，1981；Sloan，1983），但医疗服务成本节约存在"均值回归"（regression to the mean）现象（Dranove and Cone，1985），医院费率规制抑制成本增长，但未必能显著降低医院的总费用（Melnick et al.，1995）。20世纪80年代以来，发达国家逐渐改变传统的费率规制方式，转向将绩效作为核心的产出衡量指标实施规制。1983年，美国联邦政府率先在医疗照顾计划（Medicare）中实行"按病种预付诊疗费用"（Diagnosis Related Groups，简称DRGs）的支付方式，这种规制方式和支付制度变革引发了很多理论和实证研究，通过分析其对降低医疗服务成本、提高医疗质量的影响（Shleifer，1985），发现DRGs存在风险选择问题或撇脂现象（cream skimming）（Junoy，1999），这可以抑制医疗服务费用增长，但降低了对效率的激励，并不能提高医疗服务质量 (Joskow，1983)。关于医疗保险预期支付系统（Prospective Payment System，简称PPS）的研究中，普遍认为预付制对医疗服务机构降低成本具有激励作用（Fein-glass and Holloway，1991），护理设施和出院后家庭医疗护理增加，医疗服务质量并没有显著降低（Desharnais，1988）。在美国的医疗价格规制发展过程中，无论是费率规制还是支付方式更新，供给侧规制政策都是成本控制的首选工具（Ellis and Mcguire，1990），多样化的价格规制方式用于控制医疗费用，提供激励预付制的同时也带来了一定的道德风险和逆向选择行为（Meltzer et al.，2002）。

国内研究该议题相对较晚，正处于逐步完善阶段。有关研究普遍认为，医疗服务价格不规范问题致使不合理医疗行为出现，导致公众的医疗费用负担加重（李丽，2007）；政府有效的规制措施可以在一定程度上缓解医患双方之间客观存在的信息不对称现象，医疗服务与每一位民众息息相关并且是一项十分重要的公共服务，关系着民众的健康状况，政府有责任通过规制途径对基本医疗服务的供给给予保障（宋华琳，2009），医疗服务活动中的"道德风险"更要求政府强化价格规制（颜涛，2009）。对于医疗服务价格规制对医疗质量的影响，曲振涛和杨恺钧（2006）认为，医疗服务的质量规制更多关系到质量意识和责任意识，低质量的医疗服务不仅导致患者利益受损，也会造成社会医疗资源的浪费；周小梅（2008）发现，对医疗服务市场进行规制不利于医疗服务质量的提升，并且规制越严格，越不利于医疗服务行业的技术创新。同时，当医疗服务行业的约束变多而效率降低时，人们会为了避开规制采取向医生行贿或者转移就医等措施，如此就会产生额外的就医成本，加重患者的费用负担，不利于社会福利的提升。朱恒鹏（2007）则认为，医疗服务价格规制政策会在一定程度上扭曲医疗、医药价格，导致医疗费用持续上涨，加剧医疗资源的不合理配置程度；公立医院在实施药品零差率政策后，次均门诊费用、次均住院费用并未降低，反而显著增加（金春林等，2010；田立启等，2011；张丽青等，2012；于春富、牟蔚平，2012；杨敬，2012；沈荣生，2013；彭宅文、岳经纶，2018；房莉杰，2018）。从成本-收益角度来看，医疗质量不升反降。其他研究中，李欢（2012）从实证角度分析说明医疗保险的介入在一定程度上使得医疗服务供给方的价格竞争弱化，降低医保共付率有利于均衡提升医疗服务质量；汪丁丁（2005）提出建立医疗成本审核委员会，借助于非公立机构的参与，实现合理有效的医疗费用资源配置；李桂珍（2009）提出引入第三方质量评估组织比政府直接规制更能节约规制成本。针对目前"看病贵，看病难"的问题，对当前医疗资源配置不公平，医疗费用增长过快，医疗服务质量较低问题进行分析，认为政府需从体制规制入手，从价格、质量等方面实行全方位规制（韩蕾，2014）。

4.2 指标选择及数据说明

本书研究医疗服务价格规制对公立医疗机构服务质量的影响，研究变量为价格规制及医疗服务效率，其中医疗服务效率变量分成6个指标：住院死亡率、孕产妇死亡率、家庭卫生服务次数、次均门诊费用、人均住院自付费用、扰动因素指标。

4.2.1 指标选择

1.价格规制指标

对政府医疗服务价格规制的客观评估存在一定难度，关于价格规制指标的构建，国内外已有诸多文献可供借鉴和参考，部分学者从规制的法律框架、独立性、规制主体等维度构造规制变量，往往以虚拟变量方法对规制政策效果进行评价（Stern，1999；Cubbin，2003）。但价格规制改革是一项复杂的政策变迁过程，其波动渐进性进程使任何评估方法都难以准确判断规制政策的临界点。另外，由于数据的可得性问题，理想的经济规制指标可能很难构造，经济规制政策的效果评价可能存在较大的误差。自 20 世纪 80 年代以来，中国在医疗体制改革的实践过程中，价格规制主要体现为收益率规制，即以预先设定好的医疗服务收益率向社会提供医疗服务产品，以此保证医疗服务充足供应的同时还能够对医疗成本进行控制，确保医疗费用的增长速度保持稳定。从理论上来看，每一单位的劳动投入与资本的边际技术替代率都对应着唯一的要素投入结构，医疗服务是资本和劳动的集合。肖兴志（2011）、Rivers（2013）、郭蕾（2016）等认为，从生产要素的投入结构来构造价格规制指标是合理的。本书选取医疗服务机构中的资本以及劳动的使用比例为价格规制这一核心变量的代理标量（简称 pregu）。通过医疗质量指标对政府医疗服务价格规制效果进行评价，来评估中国医疗卫生体制改革成效。

2.医疗服务效率指标

医疗服务效率的狭义含义仅指医疗质量，即医疗服务的规范程度和医疗效果；广义的医疗服务效率包括基本结构、诊疗过程、医疗结果多维内涵，包括医疗机构运行的技术质量、运行效率和产出结果等（Gummesson，1988；Edvardsson，1989；马骏，1986）。当然，越来越多的医疗服务机构的综合评价开始注重顾客感知服务质量，强调医疗服务过程中消费者的顾客感知（Christian Gronroos，1982），但本书主要依据非感知性指标来衡量医疗服务效率。其原因基于：（1）消费者感知存在主观性，年龄、收入差异导致认知偏差大，甚至同一消费者不同时空内的感知也存在较大差异；（2）研究所需的面板数据中，难以获得各省份的时间序列数据，即使存在不同的调查数据，由于抽样框存在差异，样本代表性也差；（3）价格规制代理变量是以政府规制的直接结果来衡量的，其他医疗机构具体行为因素不予考虑。综合参考国内外相关文献，医疗服务效率的相关研究中，也主要从人均费用和不同病种死亡率进行实证分析（David and Kenneth，1984；John E. Schneider，2003）。本书基于研究可行性考虑，主要选择住院死亡率（简称 inhdr）、孕产妇死亡率（简称 prdr）、家庭卫生服务次数（简称 fas）、次均门诊费用（简称 hsp）、人均住院自付费用（简称 inhsp）5 项指标来衡量医疗服务的成本控制、运行效率和产出结果。

3.扰动因素指标

城市化进程对于城市医疗服务水平的提升发挥着有效的促进作用，城市化进程会显著影响医疗产品的供给数量，同时也会显著影响医疗产品的供给效率。因此本书在实证分析过程中将城市化率（urban_rate）作为扰动因素指标以控制其影响。

人均可支配收入（icp）反映了不同地区经济发展水平，也能够体现出处于社会不同层次人群的收入差异，收入水平的高低会对居民的医疗服务需求水平产生直接影响。因此本书在实证模型中将人均可支配收入作为扰动项，对不同地区和不同收入群体之间因为经济差异缘故带来的医疗服务（产业）产品的需求差异进行控制。

4.2.2　数据说明

本书研究指标的原始数据主要源自全国各省、自治区、直辖市的统计年鉴，还包括中国卫生统计年鉴、中国工业统计年鉴中的数据；此外，还有部分数据源自EPS全球统计数据分析平台、中经网统计数据库以及Wind数据库，具体的年份则以2004—2016年为样本区间。具体指标包括：

（1）价格规制指标（pregu）从生产要素的投入结构来构造，本书以"医疗卫生行业固定资产总额"与"医疗机构卫生服务技术人员数量"之比对价格规制指标进行度量。

（2）住院死亡率（inhdr）由"住院死亡人数"除以"入院人数"得出。

（3）孕产妇死亡率（prdr）由统计年鉴直接获得，指妊娠开始至产后42天内，每十万例活产妇身亡率（不包括意外事故死亡）。

（4）家庭卫生服务次数（fas）是指基层医疗服务机构提供家庭出诊、家庭护理、家庭病床、临终关怀等家庭卫生保健服务次数，由统计年鉴直接获得。

（5）次均门诊费用（hsp）由"人均门诊检查费用"与"人均门诊药品费用"之和除以"人均门诊就医次数"。由于国内各地区医院门诊挂号费用较低，地区差异不大，并未将其纳入该指标内。

（6）人均住院自付费用（inhsp）由各地区城镇居民"住院总费用"除以"住院总人数"乘以非医保报销比例获得。

（7）城市化率（urban_rate）即城镇人口占总人口的比重，由统计年鉴直接获得。

（8）人均可支配收入（icp）由统计年鉴直接获得。

为了消除价格因素带来的影响，本书在实证分析过程将以 2000 年的价格水平为基期，各地区 2004 年至 2016 年间所有的医疗卫生行业固定资产投资额、人均门诊检查费用、人均门诊药品费用、住院总费用、人均可支配收入均按照基期水平进行平减，以此消除通货膨胀和价格波动等因素对于变量的影响。

通过对本书研究所需的样本相关变量进行描述性统计分析（表 4-1），各变量的统计特征、各变量样本均无缺失。为了确保原始数据的平稳性，防止出现伪回归的现象，本书在实证分析前，对面板数据的平稳性进行检验。本书采用 ADF 和 PP-Fisher 进行平稳性检验，检验结果（表 4-2）显示：在原始序列中，ADF 检验显示除了 icp 指标不平稳外，其余均显示平稳。PP 检验显示指标全部平稳。在差分序列中，ADF、PP 检验显示指标全部平稳，表明数据属于一阶单整，可以进行回归分析。

表 4-1 变量的描述性统计

变量	样本	均值	标准差	最小值	最大值
住院死亡率（inhdr）	403	0.00736	0.0142	0.000232	0.191
孕产妇死亡率（prdr）	403	29.83	38.36	1.200	310.4
家庭卫生服务次数（fas）	403	611 515	584 808	17 859	3 895 000
次均门诊费用（hsp）	403	165.3	62.95	32	453.4
人均住院自付费用（inhsp）	403	1951	917.1	0	6 308
价格规制（pregu）	403	123 371	112 685	1 959	648 122
人均可支配收入（icp）	403	9.760	0.461	8.884	10.96
城市化率（urban_rate）	403	0.500	0.145	0.0815	0.896

表4-2　　　　　　　　　　　　变量的平稳性检验

变量	原始序列		差分序列	
	ADF检验	PP检验	ADF检验	PP检验
inhdr	9.991 （0.0000）	42.914 （0.0000）	21.711 （0.0000）	61.012 （0.0000）
prdr	4.320 （0.0000）	7.999 （0.0000）	15.829 （0.0000）	43.576 （0.0000）
fas	9.027 （0.0000）	3.433 （0.0000）	20.378 （0.0000）	28.198 （0.0000）
hsp	5.905 （0.0000）	9.576 （0.0000）	15.169 （0.0000）	28.942 （0.0000）
inhsp	10.641 （0.0000）	8.720 （0.0000）	17.345 （0.0000）	29.725 （0.0000）
pregu	2.550 （0.0054）	3.548 （0.0002）	8.781 （0.0000）	27.158 （0.0000）
icp	0.628 （0.2651）	5.326 （0.0000）	9.349 （0.0000）	4.724 （0.0000）
urban_rate	20.147 （0.0000）	40.870 （0.0000）	12.402 （0.0000）	43.594 （0.0000）

4.3　实证分析

　　本书在研究过程中，为客观分析政府医疗服务价格规制对我国医疗服务效率的影响效果，引入了一些关键变量，但是影响医疗服务效率的因素诸多，完美的测量指标难以构建，部分因素可能难以观测或数据收集困难，从而导致一些遗漏变量没有纳入研究框架中。因此，为减弱遗漏变量问题所造成的内生性影响。通过在模型分析中引入滞后一期的因变量，可以在一定程度上反映这些未知因素的潜在影响。另外，以动态面板广义矩估计（GMM）分析政府医疗服务价格规制对于医疗服务效率影响效应，通过引入滞后项可以避免普通最小二乘法的有偏性问题，还能在一定程度上消除异方差和序列相关，估算结果更有效。

本书运用动态面板进行实证分析，动态面板的基本模型如下：

$$y_{i,t} = \sum_{k=1}^{k} \beta_k x_{k,i,t} + \eta_i + \varepsilon_{i,t} \tag{4.1}$$

本书在实证检验过程中，将因变量滞后一期作为解释变量引入动态面板实证模型，其具体形式为：

$$y_{i,t} = a y_{i,t-1} + \beta_1 pregu_{i,t} + \beta_1 pregu_{i,t-1} + \beta_3 icp_{i,t} + \beta_4 urban\_rate_{i,t} + a_i + \beta_{i,t} \tag{4.2}$$

其中，$0 < a < 1$，$i = 1,2,\cdots,32$；t=2004,2005,$\cdots$，2016；a_i 为个体固定效应，$y_{i,t}$ 为各类医疗服务效率指标，$y_{i,t-1}$ 为各类医疗服务效率指标滞后一阶，$x_{k,i,t}$ 为外生解释变量，包括价格规制（$pregu_{i,t}$）、价格规制一阶滞后项（$pregu_{i,t-1}$）及控制变量人均可支配收入（$icp_{i,t}$）、城市化率（$urban\_rate_{i,t}$）。为了削弱多重共线性和异方差等问题，使数据更加平稳，本书对研究指标的原始数据进行对数处理，实证检验结果见表4–3。

理论上，政府为保证公共医疗产品供应，抑制医疗服务价格增长而实行价格规制，医院作为自负盈亏的供应主体会对生产要素结构进行调整，必然带来生产成本和价格的变化。表4–3的回归结果显示，对于住院死亡率，价格规制在5%的显著性水平下显著；对于孕产妇死亡率、家庭卫生服务次数和人均住院自付费用，价格规制在1%的显著性水平下均显著，而价格规制及其滞后一期对次均门诊费用并不显著；对于住院死亡率和孕产妇死亡率，当期价格规制的影响是负向的，表明通过当期价格规制，住院死亡率和孕产妇死亡率降低，但对于住院死亡率、孕产妇死亡率，价格规制滞后一期却对其产生显著正向影响；对于次均门诊费用，当期价格规制及滞后一期对其影响却并不显著。当期价格规制对人均住院自付费用具有负向影响，价格规制滞后一期对其产生显著的正向影响。当期价格规制对家庭卫生服务次数具有正向影响，而价格规制滞后一期却对其产生负向影响。对于控制变量而言，除次均门诊费用外，人均可支配收入对因变量均有显著影响，但对住院死亡率、孕产妇死亡率却呈现正向影响。人均可支配收入对家庭卫生服务次数、人均住院自付费用具有一定的正向影响。而城市化率提高使得住院死亡率和孕产妇死亡率下降，对其他变量具有显著的正向影响。

表4-3　　　　　　　　　　　　　价格规制回归结果

解释变量	inhdr	prdr	fas	hsp	inhsp
L.inhdr	-0.136^{***} (-2.589)	—	—	—	—
pregu	-0.409^{**} (-2.131)	-0.636^{***} (-6.504)	0.468^{***} (5.960)	0.033 (0.820)	-0.044^{***} (-4.259)
L. pregu	0.566^{**} (2.254)	0.252^{**} (2.185)	-0.515^{***} (-5.841)	0.040 (0.934)	0.129^{***} (10.232)
icp	0.954^{*} (1.793)	0.510^{***} (5.010)	-0.111^{*} (-1.757)	-0.081 (-1.226)	-0.059^{*} (-1.754)
urban_rate	-4.483^{***} (-10.364)	-1.885^{***} (-10.788)	0.400^{***} (4.811)	0.223^{***} (3.140)	0.374^{***} (17.372)
L. prdr	— —	0.450^{***} (11.591)	— —	— —	— —
L. fas	— —	— —	0.929^{***} (45.317)	— —	— —
L. hsp	— —	—	—	0.851^{***} (24.195)	— —
L. inhsp	— —	— —	— —	— —	(20.589) —
Cons	-19.206^{***} (-4.453)	-3.301^{***} (-3.780)	2.440^{***} (4.035)	1.500^{***} (2.937)	3.403^{***} (26.173)
AR（2）	-1.14 (0.254)	-0.89 (0.374)	0.87 (0.382)	-1.63 (0.103)	-2.20 (0.028)
Sargan	20.86 (0.405)	25.07 (0.158)	43.13 (0.003)	9.04 (0.434)	26.51 (0.491)
Hansen	25.57 (0.181)	24.43 (0.180)	29.72 (0.098)	15.13 (0.087)	28.34 (0.394)
Obs	372	372	372	372	371

注：（1）L.表示一阶滞后；（2）括号内为t值，***、**、*分别表示1%、5%、10%的显著性水平；（3）Sargan或Hansen检验用于检验过度识别检验，P值大于0.1，且Hansen检验P值小于0.25。

综上，价格规制对于住院死亡率、孕产妇死亡率、家庭卫生服务次数、人均住院自付费用具有影响，但滞后一期的影响却不显著或方向不一致，这意味着政府的医疗服务价格规制政策并没有显示出长期的一致性和稳健性，政府施行某一项产品价格或收益率规制可能取得短期的效果，但从长期来看，其规制效果并不明显，甚至出现与规制目标截然相反的效果。而人均住院自付费用受到当期价格规制影响而有效降低，但价格规制滞后一期导致住院自付费用的上升，这表明政府规制政策短期内对患者住院期间产生的医疗产品及服务价格具有影响，在一定程度上减轻了患者的负担，但长期的规制效果并不显著。由于门诊医疗费用大多不属于医保报销范围，政府的价格规制更多集中于住院医疗服务及产品，缺乏医保监管的门诊服务较少受价格规制影响，门诊次均费用的回归结果也印证了这一观点。医疗服务水平及卫生条件与人口死亡率（住院死亡率、孕产妇死亡率）是负相关关系已是理论共识，价格规制滞后一期却对住院死亡率、孕产妇死亡率产生显著的正向影响，这一结果与我们的传统认知存在差异，这表明我国在经济快速增长过程中，人均收入及人均可支配收入得到很大提高，但各地区医疗服务水平并未得到与经济增长一致性的提高。城市化率的提高带来住院死亡率、孕产妇死亡率降低，表明城市化客观上影响了城市的基础设施建设，改善了医疗卫生条件，也提高了区域内的医疗服务水平，也对家庭医疗卫生服务提出了更高要求，但也增加了患者医疗费用负担。

4.4 稳健性检验

为了确保研究结果的稳健、保证研究结果的可靠性，本书采取替换变量的方式进行稳健性检验，具体就是变换价格规制代理变量。本书采用医疗机构资本与劳动之比，即资本/劳动（投资额/从业人员数）作为医疗服务价格规制的另一个代理变量，医疗服务机构投资主要用于固定资产投资，新增投资会转化为医疗机构的资产，通过资本/劳动（投资额/从业人员数）替代总资产/卫生技术人员数作为代理变量进行稳健性检验，结果见表4-4。稳健性检验显示，政府医疗服务价格规制对住院死亡率、孕产妇死亡率和人均住院自付费用具有显著的负向影响，这与之前的实证结果完全一致；人均可支配收入和城市化率对相关医疗服务效率指标的影响也与之前的实证结果基本一致。因此，可认为表4-4显示的稳健性检验结果中，主要变量的显著性和符号方向并没有变化，替换价格规制代理变量对于其他因变量回归结果的影响并没有出现显著性的变化，这表明本书研究的结果是稳健的。

表4-4   价格规制稳健性检验

解释变量	inhdr	prdr	fas	hsp	inhsp
L. inhdr	−0.069* (−1.873)	− −	− −	− −	− −
pregu	−0.313*** (−8.123)	−0.272*** (−5.407)	0.037 (0.249)	0.013 (1.167)	−0.288*** (−3.658)
icp	1.122*** (8.581)	0.400*** (5.143)	−0.752* (−1.724)	0.172*** (4.535)	0.858** (2.386)
urban_rate	−3.521*** (−9.217)	−1.852*** (−10.165)	0.430 (0.501)	0.094* (1.872)	1.314 (1.497)
L. prdr	− −	0.516*** (24.659)	− −	− −	− −
L. fas	− −	− −	0.708*** (7.488)	− −	− −
L. hsp	− −	− −	− −	0.758*** (18.064)	− −
L. inhsp	− −	− −	− −	− −	0.109 (0.381)
Cons	−18.060*** (−9.957)	−0.884 (−1.297)	8.151* (1.945)	−0.107 (−1.173)	4.743 (1.314)
AR（2）	−0.96 (0.338)	−0.91 (0.364)	0.87 (0.385)	−1.54 (0.124)	−1.75 (0.079)
Sargan	31.95 (0.128)	26.51 (0.116)	4.95 (0.176)	11.08 (0.270)	0.57 (0.966)
Hansen	28.21 (0.251)	24.61 (0.174)	8.90 (0.031)	14.70 (0.100)	0.96 (0.916)
Obs	372	372	372	372	372

注：（1）L.表示一阶滞后；（2）括号内为t值，***、**、*分别表示1%、5%、10%的显著性水平；（3）Sargan或Hansen检验用于检验过度识别检验，P值大于0.1，且Hansen检验P值小于0.25。

4.5 小结

本书通过政府医疗服务价格规制对医疗服务效率影响的实证性研究，发现政府医疗服务价格规制在短期内确实对医疗服务效率具有一定影响，但价格规制的正向作用并没有显示出长期的稳健性和一致性。短期正向作用只表明政策调整具有即时效果，而中国医疗体制改革中的价格悖论与质量问题仅依靠行政性规制手段并不能得到有效解决。

我国医疗技术性劳务服务完全由地方物价部门设置固定价格，公立医院的药品价格及利润加成率也受到主管部门的严格限制。由于公立医院向社会提供占比超85%的医疗产品及服务，这实际上使得医疗服务部门上游市场中的医药和医疗产业的产品市场价格也基本上受到政府价格规制政策的限价影响。价格规制理论的形成和发展主要是西方国家在市场经济发展过程中，通过政府的收益率规制等方式解决自然垄断性行业超额利润问题，寄希望于政府之手保障公共利益、维护市场秩序，而我国公共医疗服务从本质上具有行政性垄断特征，政府的价格规制手段实际上是对行政性垄断造成问题的再规制。同时，由于医疗卫生体制在产权属性、价格体系、利益关系等方面的复杂性，包括收益率上限管控等价格规制手段只能发挥非常有限的作用，价格规制会导致医疗服务业生产要素投入结构的扭曲，进而导致医疗服务成本的增加，反而进一步刺激医疗服务及产品价格的增长，降低生产效率，增加社会负担和民众就医成本。这也解释了为何我国在多年医疗卫生体制改革过程中，价格规制改革虽新政频出，但就医成本仍居高不下、医疗服务效率依然堪忧等。价格是反映市场供求关系的重要指标，也是引导和调节供求关系的经济杠杆。价格规制作用不仅在于抑制价格，更在于通过价格机制配置医疗卫生资源，调整市场资源分配结构，构建有序的医疗服务供应体系。

因此，为提高医疗服务效率，政府医疗服务价格规制应具有以下作用：（1）医疗服务价格应体现医务价值。医疗产品具有显著的高附加值的科技含量特征，专业医护人员更是经历多年技术培训，医务人力成本定价应体现劳动价值。但政府价格规制却使其远低于成本定价，医务人员劳动力的低价格收益很难保证其具有提供高质量医疗服务的激励。因此有必要充分尊重医务劳动力价值，减少政府单一价格规制政策，建立符合成本-收益规律、公平合理的医务市场工资制度。（2）改变医疗服务的价格结构异化现象。政府医疗价格规制对卫生行业产品、服务价格实施行政指导价和最高限价，而其成本性支出是市场性价格支出，这就造成医疗卫生行业价格规制的内外结构矛盾：收支价格机制的异化。公立医院作为卫生行业的核心部门，为实现其公益性，通过政府价格规制，其业务收入为公益性价格收入，但其业务成本实际上是市场性价格支出，这种异化的收支结构导致公立医院收支的不平衡，在财政补偿和经费拨给不足情况下，自负盈亏的公立医院维持正常运转存在一定困难。公立医院为维持至少收支平衡往往对政府的价格规制政策采取各种形式的规避，降低成本与提高收益压力下的必然后果是社会医疗费用增长、医疗服务效率下降。（3）实行有监督的市场化改革。社会的基本医疗服务具有公益性，提供准公共产品，医疗市场是市场经济中的构成部分，竞争和效率是其显著特征。因此，通过市场调节机制，政府应发挥法律规范和市场监督作用，减少直接的行政性规制，建立公平合理的医疗服务价格体系。（4）推进医疗服务机构改革。我国公立医院在产权及行政隶属关系等方面具有特殊性，医疗服务规制改革应着力于破除医院内部人控制，加强医院内部管理，通过第三方监管和社会监督，规范诊疗用药标准，设置医师声誉档案，建立标准化处方信息，以科学方式规范医疗机构行为，提高医疗服务水平和医疗服务效率。

5　医疗服务准入规制对医疗服务效率的影响

医疗服务业是一种特殊行业，同时具有经济性与社会性，这要求医疗服务市场的效率原则应以基本医疗服务"人人可得"的公平性为前提。因此，政府对医疗服务行业进行规制，既要解决公共产品供给市场机制失灵问题，又要保证基本医疗服务的分配公平。中国医疗卫生体制改革经历了30多年的曲折历程，已进入全面深化改革阶段。总体来看，医疗卫生体制改革虽取得一定成效，但远未达到"民众满意"的标准，公共医疗服务中的绩效与资源配置公平性问题依旧突出（高春亮等，2009），片面的市场化筹资方式使"医""药"产生互补性，医院通过其垄断力参与药品价格分利，导致"看病难、看病贵"问题凸显，医疗体制改革带来的社会福利改善被医疗服务费用过快上涨所抵消（张旭昆，2009）。由于医疗市场的不完全契约状态，如果不能准确界定政府与市场的功能边界，医疗服务市场资源配置效率难以实现（费太安，2013），政府单一化模式导致的医疗服务支出剧增等问题，使得政府医疗服务规制面临严峻挑战（Bamezai，1999；Bech，2011）。因此，国外学术界普遍认同引入竞争机制来改善医疗服务绩效问题（Brekke，2008；Brekke，2010；Lisac，2010）。

在世界范围内，不同国家的医疗卫生体制虽有差异，但基本朝向政府规制与市场机制结合的方向发展，私立医院和公立医院共存的混合市场具有效率优势，可以有效降低政府的医疗公共支出，提高了医疗服务质量水平（Jofre‒Bone，2000；Gaynor，2012；Andritsos and Tang，2014）。在我国医药卫生体制改革进程中，鼓励社会资本进入医疗服务领域，鼓励非公立医疗机构发展始终是政府医疗体制改革的重要举措。引入竞争机制，鼓励或推进民营医疗机构发展，改变现有医疗服务市场形成的寡头竞争结构，对解决"看病难、看病贵"问题具有重要意义（张二华等，2010；邓国营等，2013）。

5.1 理论分析

《可竞争市场和产业结构理论》（Contestable Market and the Theory of Industry Structure）(Baumol et al.，1982)认为，由于存在潜在的短期进入者，有少数公司的市场仍然具有竞争均衡（理想福利结果）的特征，一个完全可竞争的市场应具有以下特征：没有进入或退出障碍、零沉没成本、新进入者可获得同样水平的技术。医疗服务业普遍施行需求审批许可证（Certificate of Need，简称CON）制度，目的是通过规制"不必要的重复投资"来降低医疗成本，该制度要求医疗机构在增加床位和购置诊疗设备等方面的超限额新增投资须经政府部门计划批准，目的是防止昂贵设备和项目的不必要重复投资，降低成本。CON制度在美国《国家健康计划法案》（National Health Planning Act）通过后被广泛实施。自CON制度推出后，学者对其效果和影响进行了一些深入的研究，发现CON法规的实施确实对医疗成本具有影响，CON制度对行业的进入和扩张提供了有效的约束，它阻碍了新增产能的增长，从而导致产能下降和集中度提高（Ford and Kaserman，1993）。但是，CON制度并没有减少投资总额，而是改变了其组成，虽抑制了床位供应的扩张，但增加了对新服务和设备的投资（Salkever and Bice，1976），导致每床位提供服务的注册护士和持证护士数量增加，单位病床投资额随人力资本投入形式变化而增加，医院利用增加护理人员数量形式的资本投资替代了床位数投资。CON制度并没有节约总资本投资（Salkever and Bice，1979）；市场集中在其他条件不变的情况下会增加机构成本，在考虑到监管的严格性及累积性之后，CON制度限制医院病床增长并降低总可变成本和平均可变成本。另一方面，市场集中度的增加会扩大工厂规模和提高固定成本（Mayo and McFarland，1989）。此外，康诺弗和斯隆（Conover and Sloan，1998）评估了CON制度对人均医疗支出、医院供应、技术扩散和医院行业组织的各种指标的影响，发现CON制度与人均急性护理支出长期减少相关，但与人均总支出的减少无显著相关。安特尔等（Antel et al.，1995）通过利用1968—1990年美国48个州20年的面板数据集来估计各种法规对医院费用的影响，实证结果表明，大多数监管项目对医院成本似乎没有影响，没有证据表明医院的投资规制降低了医院成本；相反，规制会导致成本增加。更重要的后果是，市场中行业集中度的提高导致护理质量整体恶化，因为具有市场力量的企业试图通过降低固定（受监管）价格的成本来增加利润（Held and Pauly，1983）。赫尔德等（Held et al.，1991）进一步的研究表明，进入壁垒引起的质量下降导致该行业患者死亡率上升。福特（Ford，2000）研究发现，所有权结构对医疗服务质量具有影响，医生个人所有的诊所提供的护理质量明显高于企业所有的诊所。此类分析结果表明，CON制度导致了严重的医疗质量问题，通过维持不必要的高水平行业集中度和限制供应，CON制度维持了现有医疗机构的垄断力量，从而为其提供了通过降低服务质量来增加利润的必要条件。因此，CON制度促进了现有供应商的利益，却损害了消费者（患者）的利益。

曲振涛和杨恺钧(2005)运用可竞争市场和产业结构理论，认为政府相关的市场准入规制不应消除市场竞争，而应在充分发挥市场作用的前提下，利用规制政策消除进入、退出障碍和沉没成本。虽然，我国医疗体制中准入规制政策与CON制度存在显著差异，但医疗服务市场准入规制主要包括新医院进入规制、医院新增医疗设备审批、医院投资及扩建许可等（林浩，2006），且国内外医疗服务市场均存在垄断性特征，美国大部分地区也不存在具有竞争力的医院市场的潜力（Luft and Maer-ki，2010），英国医疗"竞争式规制"改革也存在医院数量少、市场缺乏有效竞争等问题（Legnard，1999）。国内学者普遍认为，我国当前的政策要求每个地区需重点建设1至2所公立医院，这样容易使得各地区的公立医院形成垄断地位（李玲、江宇，2010），医疗市场的竞争机制能够打破垄断、提高医疗服务的绩效（刘小鲁，2011），鼓励社会资本进入市场是医疗服务体系改革的路径之一，良好的市场竞争机制可以在一定程度上满足医疗服务的特殊性需求，进而提高医疗资源配置的效率。应降低进入壁垒，放松医疗服务准入规制（石磊，2008），引入市场竞争能够使医疗服务质量提升（刘君、何梦乔，2010）；准入规制中的政策歧视致使民营医院的准入门槛过高，民营医院的医疗资源便无法实现优化配置，导致资源浪费（王晓玲，2009）。周小梅（2006）对我国医疗服务行业市场化改革的研究发现，旨在提高医疗服务效率的市场化改革仍存在诸多不足，并指出政府应制定有效的规制政策对医疗服务市场进行规制。应重新评审已批准的医疗执业机构，并对营利性和非营利性医疗机构分别设置准入规制，才能有效提高医疗服务质量。

综上，相关研究一直对市场准入规制的有效性持怀疑态度，对医疗机构投资审核制度的实证研究几乎都表明它对降低医疗成本起效甚微，甚至会降低医疗服务质量。这主要有以下几个原因：第一，私人投资者的信息可能远远超过监管机构对新产能需求的信息。投资者比监管机构更熟悉行业状况，对市场信息更敏感，他们更清楚是否要通过进入或扩张而将自己的资金置于风险之中。第二，鉴于现有机构明显有动机反对任何竞争对手的进入、扩容或引入新服务，通过进入规制降低行业成本来保护消费者的利益是不现实的。第三，如果准入规制在减少行业净投资方面有效，那么将产生受此影响的服务供给曲线向左移动的经济效应。第四，医疗机构受规制约束而降低受监管的固定价格或成本，但进入壁垒会引起医院的规避措施而使服务质量下降。关于进入规制实际上是否有效地减少了行业的新净投资还有一些争论。一些学者认为，准入规制审查过程并不妨碍新单位的进入和现有单位扩张，而市场条件下的任何投资都是经过批准的。因此，对于准入规制是否对受影响行业的投资构成规制约束性仍存在疑问。尽管有这些批评，但进入规制仍然是医疗保健行业普遍存在的规制措施。

5.2　研究设计

5.2.1　样本选择与数据来源

本书所有指标的原始数据主要来自于全国各省（自治区、直辖市）的统计年鉴、中国卫生统计年鉴和中国工业统计年鉴；部分数据来自EPS全球统计数据分析平台、中经网统计数据库及wind数据库。由于相关指标的统计数据在2004年之前存在不同程度缺失，因此我们选择以2004—2016年13年的各省（自治区、直辖市）相关原始数据进行实证分析。其中，医疗卫生行业固定资产投资额、人均门诊检查费用、人均门诊药品费用、住院总费用、人均可支配收入均以2000年的水平为基期进行平减，以消除价格波动等因素对变量的影响。

5.2.2　变量定义

本书涉及的准入规制变量，根据准入规制定义一般选择如下几类指标：（1）相关产业的社会总投资；（2）投资新进入医疗单位与现有单位的数量比；（3）非公立医疗机构的总产值与公立医疗机构的总产值比或非公立医疗机构总资产与公立医疗机构总资产比（肖兴志，2011；郭蕾，2016）。如果选择第二种指标衡量，会存在一定争议。早期的大多数实证研究都是用某一特定时期内行业内的数量净变化来衡量进入情况的（Duetsch，1975；Chappell W F，1990；Orr D，2001），但这在两个方面存在缺陷：首先，它无法衡量进入或退出的规模变化；其次，简单地计算数量的净变化，难以反映已经进入市场的产能扩张或收缩（Ford J M，1993）。因此，本书选择第一类和第三类指标分别作为准入规制的代理变量逐步分析。

狭义的医疗服务效率仅仅指医疗质量本身，也就是医疗服务的规范程度和医疗效果。广义的医疗服务效率的含义更加丰富且多维，包括医疗服务的基本结构、诊疗过程、医疗结果等，甚至涵盖了医疗机构运行的技术质量、运行效率和产出结果等（Gummesson，1988；Edvardsson，1989；马骏，1986）。当然，越来越多的医疗服务机构的综合评价开始注重顾客感知服务质量，强调医疗服务过程中消费者的顾客感知（Christian Gronroos，1982），但本书主要依据非感知性指标来衡量医疗服务效率。原因在于：（1）消费者感知存在主观性，年龄、收入差异导致认知偏差大，甚至同一消费者不同时空内的感知也存在较大差异；（2）研究所需的面板数据中，难以获得各省（自治区、直辖市）的时间序列数据，即使存在不同的调查数据，由于抽样框存在差异，样本代表性也差；（3）价格规制代理变量是以政府规制的直接结果来衡量的，其他医疗机构具体行为因素不予考虑。综合参考国内外相关文献，在医疗服务效率相关研究中，也主要从人均费用和不同病种死亡率进行实证分析（David and Kenneth，1984；John E. Schneider，2003）。本书基于研究可行性考虑，主要选择住院死亡率（简称inhdr）、孕产妇死亡率（简称prdr）、家庭卫生服务次数（简称fas）、人均门诊均次费用（简称hsp）、人均住院自付费用（简称inhsp）5项指标来衡量医疗服务的技术质量、运行效率和产出结果。

城市化进程对城市医疗服务水平的提升具有显著的促进作用，并且城市化进程对医疗产品的供给数量和效率的提升同样具有显著影响。如表5-1所示，本书在实证模型中将城市化率（urban_rate）作为扰动因素指标，以控制其影响。人均可支配收入（icp）反映了不同地区经济发展水平，也能够反映出社会不同阶层居民的实际收入差异，收入差异会对居民的医疗服务需求水平产生直接影响，因此本书将人均可支配收入作为扰动因素指标纳入实证模型中，以控制不同地区、不同收入群体的经济差异对医疗服务（产业）产品的影响。

表5-1 **变量定义表**

符号	变量	计算方法
eregu	准入规制	医疗服务机构的总投资额
		非公立医疗机构总资产与公立医疗机构总资产比
inhdr	住院死亡率	"住院死亡人数"除以"入院人数"
prdr	孕产妇死亡率	指妊娠开始至产后42天内,每10万例活产妇身亡率(不包括意外事故死亡)
fas	家庭卫生服务次数	基层医疗服务机构提供家庭出诊、家庭护理、家庭病床、临终关怀等家庭卫生保健服务次数
hsp	次均门诊费用	"人均门诊检查费用"加上"人均门诊药品费用"之和除以"人均门诊就医次数"
inhsp	人均住院自付费用	各地区城镇居民"住院总费用"除以"住院总人数"乘以非医保报销比例
icp	人均可支配收入	居民收入中可用于最终消费支出和储蓄的部分
urban_rate	城市化率	城镇人口占总人口的比重

5.3 模型设定

本书研究政府医疗服务市场准入规制对我国医疗服务效率的影响效果,选择动态面板广义矩估计(GMM)方法来进行实证分析。动态面板数据模型参数估计可以采用最小二乘法或一阶差分后最小二乘法,由于医疗服务效率的影响因素很多,研究过程中可能存在遗漏变量而产生内生性问题,扰动项也存在一定的异方差或自相关问题。常用的解决方法是采用工具变量法(IV)或广义矩估计方法,工具变量法实际上是广义矩估计法的特例,当广义矩估计中方程个数等于参数个数时,两者等价,而广义矩估计在估计参数时,并不要求随机误差项满足一定的确定分布,且允许误差项存在异方差和自相关,可以有效克服研究中的内生性等问题,参数估计结果更有效。

传统的动态面板模型为：

$$y_{i,t} = \sum_{k=1}^{k} \beta_k x_{k,i,t} + \eta_i + \varepsilon_{i,t} \qquad (5.1)$$

本书在实证检验过程中，将因变量滞后一期作为解释变量引入动态面板实证模型，以医疗服务业的总投资额作为市场准入规制代理变量，其具体形式为：

$$y_{i,t} = \alpha y_{i,t-1} + \beta_1 total\_iv_{i,t} + \beta_1 total\_iv_{i,t-1} + \beta_3 icp_{i,t} + \beta_4 urban\_rate_{i,t} + \alpha_i + \varepsilon_{i,t}$$

$$(5.2)$$

模型（5.2）中，$0 < \alpha_i < 1$，$i = 1, 2, \cdots, 32$；$t = 2004, 2005, \cdots, 2016$；$\alpha_i$为个体固定效应，$y_{i,t}$为各类医疗服务效率指标，$y_{i,t-1}$为各类医疗服务效率指标滞后一阶，$x_{k,i,t}$为外生解释变量，包括准入规制（$total\_iv_{i,t}$）、准入规制一阶滞后项（$total\_iv_{i,t-1}$）及控制变量人均可支配收入（$icp_{i,t}$）、城市化率（$urban\_rate_{i,t}$）。

以医疗服务业的总投资额作为市场准入规制代理变量可以从整体上反映医疗服务市场准入规制对医疗服务效率的宏观影响，由于我国医疗服务业的准入规制政策集中于医疗服务市场的开放准入，即社会非公有资本的投资进入限制问题。因此，在进一步的研究中，以非公立医疗机构总资产与公立医疗机构总资产比作为市场准入规制代理变量，其具体形式为：

$$y_{i,t} = \alpha t_{i,t-1} + \beta_1 R\_pub/pri_{i,t} + \beta_1 R\_pub/pri_{i,t-1} + \beta_3 icp_{i,t} + \beta_4 urban\_rate_{i,t} + \alpha_i + \varepsilon_{i,t}$$

$$(5.3)$$

模型（5.3）中，准入规制及其一阶滞后项分别为 $R\_pub/pri_{i,t}$ 和 $R\_pub/pri_{i,t-1}$，$y_{i,t}$ 为各类医疗服务效率指标，$y_{i,t-1}$ 为各类医疗服务效率指标滞后一阶，$x_{k,i,t}$ 为外生解释变量，控制变量仍为人均可支配收入（$icp_{i,t}$）和城市化率（$urban\_rate_{i,t}$）。

5.4 实证分析

本书在实证分析过程中，首先对主要变量进行描述性统计分析，表5-2显示了各主要检验变量的统计特征。其次，在实证检验前，需要对样本数据的平稳性进行检验，见表5-3，如果数据存在单位根，则数据不平稳，会出现伪回归现象。由单位根检验可以看出，在原始序列中，ADF检验显示，除了icp不平稳外，其余均显示平稳。PP检验显示全部平稳。差分序列中，ADF、PP检验显示全部平稳，表明数据属于一阶单整，满足建模的基本要求，可以进行回归分析。

表5-2 准入规制改革检验变量估计描述

变量	样本	均值	标准差	最小值	最大值
inhdr	403	0.00736	0.0142	0.000232	0.191
prdr	403	29.83	38.36	1.200	310.4
fas	403	611 515	584 808	17 859	3 895 000
hsp	403	165.3	62.95	32	453.4
inhsp	403	1951	917.1	0	6 308
eregu	403	0.158	0.0545	0.0245	0.217
icp	403	9.760	0.461	8.884	10.96
urban_rate	403	0.500	0.145	0.0815	0.896

表5-3 变量平稳性检验结果

变量	原始序列		差分序列	
	ADF检验	PP检验	ADF检验	PP检验
inhdr	9.991 (0.0000)	42.914 (0.0000)	21.711 (0.0000)	61.012 (0.0000)
prdr	4.320 (0.0000)	7.999 (0.0000)	15.829 (0.0000)	43.576 (0.0000)
fas	9.027 (0.0000)	3.433 (0.0000)	20.378 (0.0000)	28.198 (0.0000)
hsp	5.905 (0.0000)	9.576 (0.0000)	15.169 (0.0000)	28.942 (0.0000)
inhsp	10.641 (0.0000)	8.720 (0.0000)	17.345 (0.0000)	29.725 (0.0000)
eregu	17.107 (0.0000)	10.600 (0.0000)	32.026 (0.0000)	36.333 (0.0000)
icp	0.628 (0.2651)	5.326 (0.0000)	9.349 (0.0000)	4.724 (0.0000)
urban_rate	20.147 (0.0000)	40.870 (0.0000)	12.402 (0.0000)	43.594 (0.0000)

　　中国医疗服务业的市场准入规制改革实际上是产权改革和规制改革同步进行的。因此，本研究将准入规制改革分别以医疗服务机构的总投资额（total_iv）和非公立医疗机构总资产与公立医疗机构总资产比（R_pub/pri）作为准入规制的代理变量进行实证分析。表5-4是模型（5.2）以医疗服务机构的总投资额为代理变量的实证分析结果，表5-5是模型（5.3）以非公立医疗机构总资产与公立医疗机构总资产比为准入规制代理变量的实证分析结果。

　　表5-4的回归结果显示，对孕产妇死亡率、家庭卫生服务次数、均次门诊费用，准入规制前的系数在1%显著性水平下显著，而对住院死亡率和人均住院自付费用不显著。准入规制的滞后一期在1%显著性水平下对孕产妇死亡率、家庭卫生服务次数、人均住院自付费用的影响显著，对住院死亡率和均次门诊费用不显著。准入规制及其滞后一期对医疗服务效率指标的影响方向并不一致，这表明医疗服务的准入规制对医疗服务效率是有影响的，但当期和前期的准入规制影响方向存在差异。具体来说，医疗服务行业投资额变动并没有对住院死亡率产生影响；当期准入规制会降低孕产妇死亡率，而前期准入规制会对孕产妇死亡率产生正向影响；对家庭卫生服务次数而言，当期准入规制会提高家庭卫生服务次数，而前期准入规制降低了家庭卫生服务次数；当期准入规制对均次门诊费用具有显著正向影响，前期准入规制并没有对均次门诊费用产生显著影响；当期准入规制对人均住院自付费用没有产生显著影响，前期准入规制对人均住院自付费用具有显著负向影响。对于控制变量而言，人均可支配收入对住院死亡率具有显著正向影响，对家庭卫生服务次数具有负向影响，这种影响可能是由于在社会经济快速发展过程中，收入的增加往往是以牺牲个人健康为代价的（王璐，2009），而基层医疗服务机构在家庭卫生保健服务方面供给不足，致使病患者往往重病入院而病故。人均可支配收入对均次门诊费用、人均住院自付费用均有显著正向影响；城市化率在1%显著性水平下对住院死亡率和家庭卫生服务次数具有负向影响，在10%显著性水平下对均次门诊费用具有负向影响，对人均住院自付费用有显著正向影响。

表5-4 **市场准入规制对医疗服务效率的影响（Ⅰ）**

变量	inhdr	prdr	fas	hsp	inhsp
L. inhdr	−0.073** (−2.308)	−	−	−	−
eregu	−0.113 (−1.579)	−0.169*** (−4.565)	0.181*** (5.125)	0.035*** (9.877)	−0.002 (−0.497)
L. eregu	0.018 (0.277)	0.221*** (4.391)	−0.105*** (−4.203)	−0.003 (−0.820)	−0.021*** (−3.394)
icp	1.188*** (8.006)	0.079 (0.929)	−0.180*** (−3.552)	0.086*** (8.995)	0.166*** (19.385)
urban_rate	−3.549*** (−12.110)	−0.139 (−1.092)	−0.253*** (−3.586)	−0.035* (−1.858)	0.091*** (7.807)
L. prdr	−	1.040*** (23.360)	−	−	−
L. fas	−	−	0.949*** (62.196)	−	−
L. hsp	−	−	−	0.787*** (42.376)	−
L. inhsp	−	−	−	−	0.751*** (58.244)
Cons	−18.759*** (−11.874)	−1.718*** (−3.081)	1.285*** (3.317)	−0.147*** (−2.740)	0.657*** (16.259)
AR（2）	−0.89 (0.375)	1.84 (0.066)	1.87 (0.062)	−1.60 (0.109)	−1.61 (0.108)
Sargan	31.90 (0.129)	16.10 (0.375)	22.83 (0.530)	67.98 (0.000)	126.42 (0.000)
Hansen	28.54 (0.238)	21.86 (0.111)	27.95 (0.262)	28.27 (0.249)	30.89 (0.157)
Obs	372	372	372	372	371

　　注：（1）L. 表示一阶滞后；（2）括号内为t值，***、**、*分别表示1%、5%、10%的显著性水平下显著，下同。

　　综上，以医疗服务机构的总投资额为准入规制的代理变量实证分析可知：市场准入规制对于孕产妇死亡率、家庭卫生服务次数、均次门诊费用、人均住院自付费用均具有影响，但准入规制滞后一期却产生不一致影响，这表明政府的医疗服务市场准入规制没有显示出长期的一致性和稳健性。随着城市化的发展，人均收入的进一步提高，均次门诊费用和患者住院自付费用反而增加，这意味着在中国医疗服务市场投资准入改革过程中，规制改革并未取得预期的效果，民众对"医改"成效的不满更多是由于医疗费用过高，患者负担不降反升，因此产生了"看病贵"认知。而基层医疗卫生服务机构在健康诊断、家庭护理等家庭卫生保健服务方面并没有提供更好的基本服务，这也加重了大型医疗机构的负担，导致大型医疗机构的过度拥挤而出现"看病难"现象。

5.5　稳健性检验

以医疗服务机构的总投资额为准入规制代理变量虽然能从总体上反映市场准入规制的影响，但也存在一定的不足。总投资额的变化并不能反映市场中投资主体的特征，而我国医疗服务市场化改革过程中，虽然2005年以后产权改革已不是医疗体制改革的重点，但减少规制和放松市场准入一直是医疗服务市场化改革的核心内容，允许民营资本进入医疗服务市场对提高市场竞争程度和提升医疗服务水平都具有积极意义。因此，以非公立医疗机构总资产与公立医疗机构总资产比为准入规制代理变量进行实证分析，更能够有效反映市场化准入规制改革对医疗服务效率的效果。

表5-5　　**市场准入规制对医疗服务效率的影响（Ⅱ）**

变量	inhdr	prdr	fas	hsp	inhsp
L. inhdr	0.011 (0.094)	—	—	—	—
eregu	0.133*** (3.296)	0.033*** (2.618)	0.068*** (8.630)	0.002* (1.677)	0.006*** (9.186)
L. eregu	0.081** (2.067)	0.046** (2.361)	0.057*** (6.663)	0.016*** (26.446)	0.044*** (22.407)
icp	1.565*** (7.530)	0.376*** (4.119)	0.055** (2.224)	0.153*** (30.638)	0.132*** (17.256)
urban_rate	−4.705*** (−8.659)	−0.347*** (−3.082)	−0.230*** (−4.762)	0.012 (1.109)	−0.047*** (−6.524)

变量	inhdr	prdr	fas	hsp	inhsp
L. prdr	–	1.067*** （16.614）	–	–	–
L. fas	–	–	0.978*** （90.501）	–	–
L. hsp	–	–	–	0.805*** （92.983）	–
L. inhsp	–	–	–	–	0.869*** （78.187）
Cons	−23.583*** （−8.386）	−4.095*** （−4.066）	−0.122 （−0.442）	−0.419*** （−12.939）	−0.186*** （−5.786）
AR（2）	−0.45 （0.649）	0.64 （0.523）	1.94 （0.052）	−1.46 （0.145）	0.21 （0.835）
Sargan	14.18 （0.512）	15.98 （0.383）	23.36 （0.499）	124.31 （0.000）	90.76 （0.000）
Hansen	19.11 （0.209）	17.94 （0.266）	25.77 （0.365）	30.26 （0.955）	30.07 （0.183）
Obs	372	372	372	372	371

注：（1）L.表示一阶滞后；（2）括号内为t值，***、**、*分别表示1%、5%、10%的显著性水平下显著，下同。

表5-5的回归结果显示，对住院死亡率、孕产妇死亡率、家庭卫生服务次数，准入规制前的系数在1%显著性水平下显著；准入规制在10%显著性水平下对均次门诊费用影响显著。准入规制的滞后一期在1%显著性水平下对家庭卫生服务次数、均次门诊费用、人均住院自付费用均具有显著影响，在5%显著性水平下对住院死亡率、孕产妇死亡率影响显著。对于住院死亡率、孕产妇死亡率、家庭卫生服务次数、均次门诊费用、人均住院自付费用，当期准入规制和前期准入规制都具有正向影响。对控制变量而言，城市化率对于相关医疗服务效率指标的影响与前述检验结果基本一致，这表明本书的分析结果是稳健的。而人均可支配收入对住院死亡率、孕产妇死亡率都具有正向影响，这与前文检验结果并不完全一致，个人收入的增加可能是以牺牲健康为代价的，但更合理的解释是：在医疗服务规制改革中，各地区医疗服务水平并未得

到与经济增长一致性的提高。准入规制及其滞后一期对住院死亡率、孕产妇死亡率的正向影响也更强化了这一解释的说服力。均次门诊费用、人均住院自付费用既反映了医疗服务的成本与效率，又体现了患者的就医负担，当前与前期准入规制对其均产生正向影响。

综上，以非公立医疗机构总资产与公立医疗机构总资产比为准入规制代理变量进行实证分析发现：市场准入规制对相关医疗服务效率指标均具有影响，且当期和前期准入规制的影响显示出一致的正向影响，即市场准入规制显示出长期的一致性和稳定性。但这种一致性和稳定性并没有体现出医疗服务效率的提高或改善，反而得出比前一检验更差的结果：市场准入规制增加了医疗成本和患者负担，并降低了医疗质量。本书认为，出现这一结果是由于：（1）在市场准入规制改革过程中，民营资本的进入并没有有效提高医疗服务市场的竞争。一方面，公立医院在医疗服务市场中处于医疗服务及产品供应的垄断地位，民营机构无法在市场对公立医院产生任何竞争性威胁。另一方面，民营资本往往进入一些风险小、成本低、利润高的医疗服务领域，如成立各类专科医疗机构，并没有意愿承担过高投资风险进而与具有市场垄断地位的公立医疗机构直接竞争。（2）医疗服务机构作为医疗服务市场中最终产品的直接提供者，追求利润是资本的特性，民营资本进入医疗服务市场的直接目的是盈利，在缺乏更完善社会性规制的情况下，民营医疗机构更有可能为追求更高利润而产生比公立医疗机构更严重的道德风险问题，如2016年"魏则西事件"反映了民营医院缺乏有效规制对消费者利益所造成的侵害。（3）由于高门槛和严格的审核政策，民营医疗机构往往很难成为医保定点机构，在民营机构就诊往往无法使用社会医疗保险报销部分费用的优惠，民营医疗机构就医成本几乎完全由患者个人负担。（4）政府医疗服务投资准入规制尚不完善，自2005年起，公立医疗机构产权改革已完全止步，公立医疗机构在组织属性和政策支持方面都具有优势地位，单纯强调市场竞争反而刺激其进一步扩张。目前，中国医疗服务规制改革还处于发展和完善阶段，改革尚不彻底。国外经验也表明，市场准入规制对降低医疗机构成本所起的作用甚微，甚至会降低医疗服务效率。医疗服务市场化改革应结合我国实际，在进一步明确公立医疗机构公益性价值目标前提下，减少社会资本投资准入限制，完善医疗服务市场竞争机制，是我国医疗服务规制改革亟需解决的基本问题。

5.6 小结

本章研究了政府医疗服务市场准入规制对医疗服务效率的影响。总体来看，市场准入规制改革对医疗服务效率具有影响，但并没有显示出长期的一致性和稳健性，在中国医疗服务规制改革过程中，规制改革并未取得预期的效果，患者就医成本增加。从医疗服务市场化来看，市场准入规制改革对相关医疗服务效率指标均具有显著影响，且具有长期的一致性和稳定性。但并没有体现出医疗服务效率的提高或改善，反而增加了医疗成本和负担，并降低了医疗质量。这与国外学者对 CON 制度的评估结论基本一致：不必要的市场进入限制最终可能损害患者利益，这表明我国在医疗服务市场准入规制改革中存在"规制失灵"问题。

在理论上，历经30年政策变迁，中国医疗服务规制改革始终是关系民生的热点问题。对于医疗服务及产品供应方式，我国学者认为，要解决公共医疗服务和产品过度市场化而导致政府失职和市场失灵的问题（李玲，2005），公共医疗服务应以政府为主导（顾昕，2005），强化政府责任和分配功能（葛延风、贡森，2007），扩展公费医疗体制。出现前述问题的根本原因是政府职能定位不清、市场化改革不完善（刘国恩，2007），应取消政府干预和行政垄断（朱恒鹏，2011），由竞争性的市场提供医疗卫生服务。本研究则在一定程度上进一步说明，政府医疗服务市场准入规制改革如果片面强调市场化则会偏离公共医疗服务公益性目标，不考虑国情实际的私有化改革可能会造成严重的社会问题。因此，公共医疗服务规制改革应选择一条适合我国国情的、以公益性为目的的改革路径，在不影响服务质量的前提下，合理控制医疗成本，降低患者就医负担，提升民众满意度。

实践中，中国医疗卫生体制改革已进入全面反思重构阶段。一方面，在前期（1983—2005年）的医疗机构产权改革实践过程中，局部地区的产权私有化改革不适应我国公立医院服务为主体的国情。例如，"诸城模式""宿迁模式"等市场化改革经验表明，社会资本和医疗服务的市场化改革必须首先确立政府与市场间的权力关系（蔡长坤，2016），智利在医疗保健市场化改革过程中，市场化改革导致医疗保险机构形成市场垄断，反而成为阻碍政府进一步改革的政治力量，制约了智利医疗保健体系的进一步变革（Rotthaus，2006）。另一方面，自2009年起的新一轮医疗体制改革，更强调政府主导与监管，通过政府与市场配合促进医疗服务行业发展。因此，医疗卫生体制改革应遵循医疗服务公益性原则，加大政府投入并放松投资准入规制，鼓励外资及其他社会资本进入医疗服务市场，并赋予不同资本构成的医疗机构同等待遇，减少进入壁垒的制度障碍，形成竞争性市场格局，提高医疗服务行业整体效率。同时，完善社会性规制措施和法律政策，在增加医疗服务供应主体的同时，强化社会监督，实行有管理的市场化方式来保障医疗资源的充分利用和医疗服务效率的提高。

6 价格规制对医疗费用控制的区域差异分析

6.1 问题的提出

改革开放以来，我国医疗卫生事业取得了显著成就，极大地提高了我国居民的健康水平，政府也一直为建立公正平等的医疗卫生制度不懈努力。然而，我国医疗服务价格和医疗费用却一直在攀升，这不仅增加了人民群众的就医负担，而且降低了居民整体消费预期，阻碍了社会经济的发展。因此，控制医疗费用的不合理增长已成为我国政府亟须解决的重大难题。在此背景下，2009年"新医改"拉开帷幕，《关于深化医药卫生体制改革的意见》明确提出建立科学合理的医药价格形成机制，并为之后的医疗服务价格规制政策绘制了蓝图。但纵观我国价格规制前后的医疗费用变化，其效果不尽如人意。从卫生总费用看，自2009年至今，我国卫生总费用年均增长超过12%，大大超过GDP的增长速度和居民收入增长速度；从医药费用看，2016年医院门诊次均费用同比上涨5%，人均住院费用同比上涨4.1%，并且2010年至2015年药品费用增长率已超过20.59%。那么，在当前全面医改进入深水区的宏观环境下，医疗服务价格规制对控制医疗费用的影响究竟是怎样的，这无疑是一个值得深思的问题。

党的十九大指出，实施健康中国战略是我国未来重大发展战略之一。控制医疗费用的不合理增长则是实现健康中国战略的重要途径。2016年12月，国务院发布了《"十三五"深化医药卫生体制改革规划》，明确表示要在2020年将医疗费用增长幅度稳定在合理水平。随着我国医疗体制改革的不断深入，医疗服务价格规制逐渐成为控制医疗费用不合理增长的重要政策性工具。这一政策指的是政府为了实现医疗资源的合理配置和医疗服务的公平性供给，通过法律和相关规章制度对医疗服务价格水平进行规制，并对个人和医保机构支付费用的方式进行调节与控制的政策性措施（李丽，2008）。一般而言，医疗服务价格规制涵盖了价格水平、价格结构及医疗费用支付方式的控制和调整。鉴于实证研究需要，本书以医疗服务价格规制政策的实施年份为导向，采用年份替代规制政策的虚拟变量形式，分析医疗服务价格规制政策对控制医疗费用的影响。本书的研究对于缓解"看病难、看病贵"问题、促进我国医疗卫生事业可持续发展，以及为政府改善医疗服务价格的规制政策具有重要意义。

基于此，本章从费用结构视角研究医疗服务价格规制对控制医疗费用的影响，具有一定的创新。首先，考察2009年我国"新医改"后的医疗服务价格规制效果。现有研究关于医疗服务价格规制的起点年份划分较为陈旧，而新一轮医改已持续10年，需要关注这一阶段我国医疗费用的变化情况。然后，关注区域控费差异这一新视角。这是因为，我国经济社会发展存在的区域性差异现状，直观上会存在控费的区域差异问题，因而需要对此进行关注。最后，结合宏观时序数据和省级面板数据检验我国医疗费用的控制效果，为医疗服务价格规制的效果提供直接的经验证据。

6.2 理论依据、变量与数据说明、模型设定

6.2.1 理论依据

健康经济理论指出，医疗费用过快上涨不仅加剧了城乡和区域之间医疗资源分配的不平等，而且增加了个人的就医负担，导致"因病致贫"和"因病返贫"问题（Henderson，2007）。规制经济理论为解决该问题提供了重要的理论路径，规制的作用在于从宏观层面上控制医疗费用过快增长，微观层面也能在一定程度上降低城乡居民个人医疗费用支出，减轻就医负担。医疗卫生体制改革的主要目的就是解决群众"看病难、看病贵"问题，其中的"看病难"是指医疗资源供给的倒三角与医疗需求正三角的矛盾。一方面，医疗服务由医生提供，医生的劳务价值与诊疗风险决定了医疗服务是奢侈品，定价相对较高，进而诊疗费用相对较贵，这对于普通群众而言具有合理性；另一方面，为了保证基本医疗服务的可及性和可支付性，医保政策的设计应该侧重于降低居民的自付比重和减轻居民的看病压力。如果居民就医时自付医疗费用比重过高，且超过了居民自身可支付能力，就会形成"看病贵"问题。我国政府 2009 年颁布的新医改意见明确提出，由各部门核定基本医疗服务指导价，对于非营利性机构和公立医疗机构都划定了收费项目和标准，并建立了严格的卫生监督制度，有效维护了政府医疗服务价格规制政策的权威性，对于促进医疗服务市场的健康发展具有积极作用。

此外，医保支付方式改革对控制医疗费用的不合理增长也产生了积极作用。我国的医改已进入深水区，政府对公立医院医疗费用的增长有着严格规定，公立医院药占比控制在 30% 以内，每百元耗材费用控制在 20 元以下，公立医院医疗费用年增长率不得超过 10%。医保支付改革，尤其是按疾病诊断相关分组付费（DRG）管理工具实施后，对公立医院降低成本、调整收入和支出结构都发挥了积极作用。由此可见，医疗服务价格规制和医保支付改革都能作为控制医疗费用不合理增长的

有效工具，只是限于数据可获得性，本书分析重点在于医疗服务价格规制的控费作用。

我国的医疗服务价格规制政策一直在探索中不断完善。2001 年之前，我国医疗服务价格规制处于市场经济转轨时期，这一时期价格规制的效果极为有限（Liu et al.，2000）。2001 年《全国医疗服务价格项目规范（试行）》出台后，较为系统和全面地对医疗服务价格的分类、内容以及计价标准等做了规定；2009 年发布的《关于深化医药卫生体制改革的意见》和《改革药品和医疗服务价格形成机制的意见》，对我国医疗服务价格进行了全面的深化改革。2012 年 5 月，《全国医疗服务价格项目规范》则全面规范了门诊检查费、住院费等一般医疗服务价格项目。2016 年 7 月，国家发改委等 4 部委联合发布《关于印发推进医疗服务价格改革意见的通知》，明确指出建立医疗服务价格、医疗控费、医保支付相互衔接的动态机制，以保证患者基本医疗费用负担整体不增加。

数据显示，我国人均卫生费用支出、人均门诊次均费用、人均住院费用虽逐年递增，但同比增长幅度却分别从 1995 年的 21.10%、46.15%、45.55% 下降到了 2016 年的 2.3%、4.87% 和 4.07%。可以看出，医疗服务价格规制虽难以控制医疗费用支出的增长，但能控制医疗费用支出增长的幅度。除了价格规制这一因素外，城市化水平、老龄化、教育、医疗保险、每千人执业（助理）医师数、经济发展水平等因素对医疗费用控制的影响，都值得我们关注和探讨。

6.2.2　数据与变量说明

本书的数据来源于中国统计年鉴、中国卫生统计年鉴以及中经网数据库。其中，人均门诊次均费用和人均住院费用是根据卫计委发布的我国历年卫生事业发展统计公报以及中国卫生统计年鉴整理获得；人均GDP、每千人执业（助理）医师数据来源于中国统计年鉴；其他诸如医疗保险参保率、城市化水平、老年抚养比则来源于中经网数据库以及计算所得。

全国宏观统计数据选取 1994—2016 年的时间序列数据为研究对象。在变量界定中，宏观时序数据将"人均卫生费用支出、人均门诊次均费用、人均住院费用"作为衡量医疗费用支出的指标。用这三类支出作为衡量医疗费用支出指标，原因在于，我国人均卫生支出费用是从宏观层面衡量我国城乡居民卫生支出的整体情况，而人均门诊次均费用和人均住院费用则是从个体微观层面衡量城乡居民医疗费用的直接支出。

在省际面板数据层面，限于数据的可获得性，选取2002—2016年31个省（自治区、直辖市）的面板数据作为研究对象。在省际面板数据检验中，本书充分考虑了药品费用和检查费用的影响情况，被解释变量分别设为门诊药品费用占门诊总费用比重、门诊检查费用占门诊总费用比重、住院药品费用占住院总费用比重以及住院检查费用占住院总费用比重。经过数据筛选和剔除重要缺失值变量，本书最后使用的省际样本总数为387个。

本书将规制设置为虚拟变量，以"新医改"开始的2009年作为规制生效年份，规制生效前赋值为0，规制生效后赋值为1。在其他解释变量的设定上，则综合考虑了老年抚养比、医疗保险参保率、每千人执业（助理）医师数以及经济发展水平对医疗费用控制的影响。具体来看，老年抚养比是65岁以上人口数占15~64岁劳动人口的比重。我国在2000年65岁以上人口占总人口比例就已达7.1%，2016年更是达到了10.8%，超过了65岁以上人口占总人口比例7%的老龄化社会标准。高等教育入学率用当年招生人数占总人口比重表示。自1999年大学扩招以来，我国高等学校在校人数逐年增加，这不仅促进了我国教育事业长足发展，而且对提升国民整体素质具有积极影响；城市化水平用城镇人口占总人口比重衡量；基本医疗保险参保率则是参加各项社会医疗保险制度的人口数占总人口比重；经济发展水平用人均GDP水平衡量；每千人执业（助理）医师数则是我国每千人口所拥有的执业医师数量。具体见表6-1。

表 6-1　　　　　　　　　　本书主要变量的描述性统计

变量名	全国宏观统计				省际面板数据统计			
	均值	标准差	最小值	最大值	均值	标准差	最小值	最大值
人均卫生费用（avgws）	1 075.22	944.23	146.9	3 049.5	—	—	—	—
人均门诊次均费用（avgmz）	130.43	64.17	27.3	245.3	—	—	—	—
人均住院费用（avgzy）	4 812.40	2 310.84	1 146	8 604.7	—	—	—	—
门诊药品费用比（mzyao）	—	—	—	—	0.4907	0.0588	0.3647	0.6519
门诊检查费用比（mzcha）	—	—	—	—	0.2841	0.0780	0.0691	0.4396
住院药品费用比（zyyao）	—	—	—	—	0.4251	0.0447	0.3136	0.5407
住院检查费用比（zycha）	—	—	—	—	0.2527	0.2527	0.0462	0.4331
规制（guizhi）	0.3478	0.4869	0	1	0.4832	0.5003	0	1
高等教育入学率（edu）	0.0033	0.0017	0.0008	0.0054	0.0045	0.0018	0.0011	0.0103
老年抚养比（older）	0.1123	0.0159	0.0923	0.149	0.1228	0.0260	0.0671	0.2188
城市化水平（city）	0.4278	0.0890	0.2851	0.561	0.4813	0.1471	0.08	0.9
医疗保险参保率（cov）	0.1074	0.0776	0.0033	0.2136	0.1660	0.1192	0.02	0.68
执业医师数（doctor）	1.7469	0.2250	1.47	2.31	1.8858	0.7462	0.11	5.85
人均GDP（eco）	20 923.96	16 199.16	4 044	53 980	30 099.24	21 840.16	3 257	107 960.1

6.2.3　模型设定

根据研究目的和数据特征，本书首先运用多元线性回归估计全国宏观时序数据和省际面板数据样本，再用逐步回归法检验区域样本回归。基于此，设计的基本计量经济模型如下：

$$Y_1 = \partial X_1 + \mu_1 \tag{6.1}$$

式（6.1）中，Y_1 表示本书的主要因变量，分别是人均卫生支出、人均门诊次均费用、人均住院费用、门诊药品费用占门诊总费用比重、门诊检查费用占门诊总费用比重、住院药品费用占住院总费用比重以及住院检查费用占住院总费用比重；X_1 表示本书关注的解释变量，具体包括规制、老年抚养比、医疗保险参保率以及每千人执业（助理）医师数和经济发展水平，方程中的 μ_1 是随机扰动项。

6.3 实证分析与讨论

6.3.1 全国宏观时序数据检验规制对控费的影响

为了消除可能存在的共线性，本部分对除了规制和执业医师数量变量外的其他变量均取对数处理。同时，运用dickey-fuller检验法对宏观时序数据的各变量进行了单位根检验，以验证数据平稳性。结果表明，所有变量至少在2阶差分的基础上，ADF值小于10%临界值，所以本书选取的宏观时序数据变量整体上平稳。本书采用1994—2016年的全国宏观时序数据，对本书重点关注的三个被解释变量进行ols回归，结果见表6-2。

从表6-2可以看出，规制变量在1%的统计水平上增加了人均卫生费用支出。规制变量在人均门诊次均费用和人均住院费用回归模型中，虽然不具有统计学意义上的显著性，但是回归结果的系数值均为负，说明医疗服务价格规制对控制人均门诊次均费用和人均住院费用的不合理增长具有积极作用。这点不难理解，自2009年实施新医改以来，人均卫生总费用得到有效控制，新医改前由于医疗卫生领域过度市场化带来的消极影响得到遏制，新一轮医改着重于解决"病有所医""人人享有合理的基本医疗服务"问题，并取得了一定成效。同时我国逐步建立起国家基本药物制度，并将基本药物完全纳入了基本医疗保障的报销范围，在全面取消以药养医的大背景下，我国医疗费用的不合理增长获得一定控制。但是控制医疗费用的过快增长是一个复杂的系统工程，我国当前的规制政策尚需进一步完善和改革，这也反映了我国医疗体制改革之路任重而道远。

表6-2中的其他变量也值得关注。教育变量的系数值为负，但都不具有统计意义上的显著性。可能的原因是随着我国接受高等教育人数的增加，全面健康维护意识有了显著提高，这在一定程度上降低了疾病发生率，进而减少了医疗费用支出。

表6-2　　医疗服务价格规制对控制医疗费用影响的计量估计结果

	人均卫生费用		人均门诊次均费用		人均住院费用	
	系数值	稳健性标准误	系数值	稳健性标准误	系数值	稳健性标准误
规制（guizhi）	0.0789***	0.0467	-0.0884	0.1261	-0.0326	0.0983
教育（lnedu）	-52.8031	33.155	-103.76	102.57	-101.30	82.555
老龄化（lnolder）	7.7863***	3.1515	4.4638	14.088	3.0490	9.9931
城市化水平（lncity）	7.6300***	1.1110	14.71***	4.574	10.56***	3.3851
医保参保率（lncov）	-2.3480**	1.2628	-9.6454***	4.7766	-8.1516***	3.7203
执业医师数（doctor）	-0.1798***	0.1176	-0.6760*	0.5915	-0.7352**	0.4200
人均GDP（lneco）	0.7515***	0.1025	0.7095***	0.5048	0.8763***	0.4073
cons	-3.4994***	0.6838	-5.2702***	3.5111	4.3046***	2.8384
R²	0.9993		0.9814		0.9839	

注：***、**和*分别在1%、5%和10%的统计水平上显著。

老龄化在1%的统计水平上增加了人均医疗卫生支出，可能的原因是，随着老龄化程度的增加，对于康复护理的需求增长，慢性病、常见病及疾病并发症的风险增加，提升了老龄人口对医疗服务的需求，刺激了卫生总费用的增长，进而增加了人均卫生费用。而老龄化对人均门诊次均费用和人均住院费用不具有显著影响，这与王超群（2014）研究结论一致。可能的原因在于虽然老龄化提高了整体的医疗需求，但是老龄化的进程以及老年人口的发病率进展均比较缓慢，对人均门诊次均费用和人均住院费用增加的实际贡献并不大。

城市化水平均在1%的统计水平上显著提高了我国人均卫生费用支出、人均门诊次均费用和人均住院费用。原因在于，随着我国城镇化建设的不断推进，更多的农村户口转入城镇，这让医疗资源本来就紧张的城镇地区面临更严峻挑战。同时，医疗服务市场中严重的信息不对称和城镇人口的增加不仅增加了就医需求，而且使医疗服务供给的"诱导需求"和"过度医疗"问题越发严重，这不利于医疗卫生市场的健康发展。

医疗保险参保率变量分别在5%和1%的统计水平上降低了我国人均卫生费用支出、人均门诊和人均住院费用。医疗保险是对居民患病风险的分担，由政府筹资建立的社会医疗保险制度有助于抵御居民的患病风险和降低看病负担，我国全民医保制度体系的建立提升了国民医疗服务的可及性和可支付能力，对于减轻居民医疗负担具有积极作用。

每千人执业（助理）医师变量显著降低了本书关注的三项支出。2009年新医改以来，卫计委不断推出相关病种的临床路径改革，对各级医生诊疗和用药的规范性也制定了严格的标准，每千人执业（助理）医师数量的增加，表明我国医疗保障水平的提升，居民可以得到更高质量的医疗服务，有助于降低医疗费用。

经济水平变量回归结果显示，随着我国人均GDP的增加，我国人均卫生费用支出、人均门诊次均费用和人均住院费用均显著提升。经济水平的发展提高了我国公共卫生服务政策的覆盖面、完善了健康管理制度、提升了个人进行预防保健的能力，进而刺激了医疗费用的增长。

6.3.2　省际面板数据检验规制对控费的影响

通过全国宏观数据检验可以看出，整体上医疗服务价格规制在一定程度上对于降低人均门诊次均费用和人均住院费用具有积极作用。然而，人均门诊总费用和人均住院总费用却主要由药品费用和检查费用组成，医疗服务价格规制对药品费用和检查费用的影响又是怎样的，本书将基于省际面板数据做进一步检验。

表6-3基于省际面板数据考察医疗服务价格规制对控制医疗费用的影响。为了控制可能存在的多重共线性，本书首先进行VIF检验，检验结果显示最大VIF值均小于10，平均VIF值大于1，因而无多重共线性问题；其次，为了消除可能存在的异方差，本书使用OLS+稳健性标准误，以提高估计结果的有效性。由表6-3可以看出，规制变量的系数值在四个模型中均为负，并且模型二、模型三、模型四均在1%统计水平上显著，说明整体上医疗服务价格规制政策对控制医疗费用的不合理增长具有显著效果。但值得关注的是，模型一中，规制变量的系数值为负，说明价格规制政策对控制门诊药品费用比例具有一定成效，但不具有统计学意义上的显著性，与全国宏观时序数据的结论基本一致。这进

一步论证了我国医改的复杂性和艰巨性，对于门诊药品费用的规制尚需进一步深化和完善。

表6-3　　　　　医疗服务价格规制对控制医疗费用的影响

	模型一	模型二	模型三	模型四
规制（guizhi）	−0.0031	−0.0409***	−0.0212***	−0.1129***
	0.0081	0.0109	0.0065	0.0165
医保参保率（cov）	0.1445***	−0.1052**	−0.0879***	0.1025
	0.0431	.0443	0.0333	0.0722
城市化水平（city）	0.0655**	−0.0076.	0.01874	0.0626
	0.0313	0.0339	0.0231	0.0458
经济发展水平	−0.0381***	−0.0204*	−0.0010	−0.0892***
(lneco)	0.0083	0.0116	0.0066	0.0162
执业医师数	0.0130**	−0.0124**	−0.0111***	−0.0010
(doctor)	0.0057	0.0052	0.0039	0.0104
老年抚养比	0.1704*	−0.2461*	−0.3273***	0.3269*
(older)	0.1019	0.1281	0.0864	0.1798
cons	0.7492***	0.6072***	0.5209***	1.1120***
	0.0710	0.0982	0.0564	0.1363
R^2	0.3362	0.4620	0.2839	0.6002
obs	387	387	387	387

注：***、**和*分别在1%、5%和10%的统计水平上显著，系数值下方为稳健性标准误；模型一、模型二、模型三和模型四分别是门诊药品费用占比、门诊检查费用占比、住院药品费用占比和住院检查费用占比的计量估计结果，表6-4中的东、中、西部的模型顺序与此相同。

表6-3中的其他变量也值得关注。医疗保险参保率分别在5%和1%的显著性水平上降低门诊检查费用比和住院药品费用比，但是却在1%统计水平上增加了门诊药品费用比。城市化水平在5%的统计水平上提高了门诊药品费用比例。而人均GDP的增长则降低了我国门诊和住院的药品和检查费用比例。每千人执业（助理）医师变量和老人抚养比变量，分别在5%和1%、10%和1%的统计水平上降低了门诊检查费用比

例和住院药品费用比例，但却显著增加了门诊药品费用比例。需要我们注意的是，表6-3中的整体结果显示，检查费用比的整体结果呈现下降趋势，但是模型一中多数变量的回归系数均为正值，且最少在10%的统计水平上显著，说明门诊药品费用占门诊总费用的比重没有得到有效控制，我国医疗体制改革的重点任务仍需放在降低门诊药品费用的比例上。

6.3.3 规制对控费影响的区域差异

表6-4是医疗服务价格规制对不同区域医疗费用控制的影响结果。我们采用逐步回归法，对不同影响结果的变量进行了控制。由表6-4可以看出，规制变量在东部的四个模型中的系数均为负，并且均在1%的统计水平上降低了门诊药品费用比、门诊检查费用比以及住院检查费用比，这说明东部地区的药品价格规制政策效果较明显。规制变量在中部的四个模型中呈现了显著差异，其中规制变量分别在1%和5%的统计水平上显著增加了门诊药品费用比和住院药品费用比，但却分别在5%和1%的水平上显著降低了门诊检查费用比和住院检查费用比。西部的四个模型中，规制变量则分别在1%、5%和1%的统计水平上显著降低了门诊检查费用比、住院药品费用比和住院检查费用比，但却在10%的统计水平上增加了门诊药品费用比。

这一发现耐人寻味，可能的原因有三点，一是区域间异地就医问题严重。当前我国多数地区的医保统筹水平仅在市级层面，甚至部分地区是县级统筹，目前全民医保指的是制度层面的覆盖率，各医保项目之间的差异又会造成医疗支出的差异。异地就医成了亟待解决的问题，某些欠发达地区异地就医的医保基金支付在20%以上，这加剧了东部发达地区和中西部欠发达地区医保基金支付比例的不合理。二是制度完整性存在差异。较之东部发达地区，中西部在制度覆盖和报销水平提升后，医保基金报销量增加，譬如城乡医保整合后，新农合并入城居保，农民的报销待遇提升，从而医保报销费用急剧增加，制度整合提升了医疗费用的增长。三是健康管理政策存在差距。发达地区的健康管理政策更全面系统，家庭医生拥有量多，能够有效管理居民的健康水平。同时发达地区居民健康保障意识更强，降低了患大病的风险，且发达城市的医养设施更全面、医疗服务体系更健全，比如建立防跌倒设施后，能够降低跌倒造成的中风、骨折等医疗花费，而欠发达地区则缺乏完善的健康管理政策，这也是区域控费存在差异的重要原因。

除此之外，我们可以总结以下两点值得关注的问题。一是我国各区域之间医疗费用控制存在显著差异，整体来看，东部发达地区医疗费用控制效果最显著，中西部欠发达地区控费效果不明显。二是我国中部和西部地区的门诊药品费用比例没有得到有效降低，反而有增加的趋势，而门诊和住院的检查费用占比得到了有效降低。这些结果，一方面说明了我国医疗服务价格规制政策发挥了良好效果，整体上对于降低医疗费用具有积极作用；另一方面则体现出我国医疗体制改革的成果存在区域差异，实现区域控制医疗费用的同步推进和区域医疗资源的均衡配置，应成为我国未来医疗体制改革最紧迫的任务。

表6-4　　医疗服务价格规制对不同区域医疗费用控制的影响

		规制	参保率	城市化	人均GDP	教育	执业医师	老年化	常数项	R^2	观测值
		Guizhi	cov	city	eco	edu	doctor	older	Cons	R⁻ˢq	Obs
东部	模型五	-0.083***	Y						1.1462***	0.6251	
	模型六	-0.0337***		Y			Y	Y	0.3699***	0.5138	138
	模型七	-0.003	Y					Y	0.4082***	0.5146	
	模型八	-0.1036***	Y		Y	Y			1.5584***	0.6213	
中部	模型九	0.0525***	Y		Y	Y			0.9639***	0.5076	
	模型十	-0.0472	Y		Y		Y	Y	0.8583***	0.4868	96
	模型十一	0.0269**	Y	Y	Y	Y	Y	Y	1.1049***	0.5856	
	模型十二	-0.0793***	Y	Y	Y	Y			2.0907***	0.619	
西部	模型十三	0.0199*	Y	Y	Y		Y	Y	1.0446***	0.3208	
	模型十四	-0.0701***							0.3281***	0.2683	153
	模型十五	-0.0205**	Y	Y	Y		Y		0.7337***	0.4219	
	模型十六	-0.1267***			Y		Y	Y	0.7607***	0.6167	

注：***、**和*分别在1%、5%和10%的统计水平上显著。

6.4　结论与启示

医疗服务价格规制与控制医疗费用的关系在学术界仍然是一个争议不断且未形成一致共识的话题。本书依据价格规制理论，构建了具有中国经验数据的医疗费用控制影响因素模型，并考察了我国区域控费存在的差异。实证结果表明，第一，1994—2016年的经验数据显示，医疗服务价格规制对控制人均门诊次均费用和人均住院费用有一定成效，但对于控制整体的人均卫生费用支出效果不明显。第二，基于我国省际面板数据分析的结果表明，医疗服务价格规制对降低门诊检查费用比例、住院药品费用比例和住院检查费用比例具有积极作用，但并没有降低门诊药品费用的比例。第三，分区域样本检验显示，我国医疗费用控制成效存在显著的区域差异，东部地区整体效果最显著，中西部效果偏弱，并且中西部地区门诊药品费用占比依旧居高不下。

这些发现使我们注意到：一方面，控制医疗费用的不合理增长才是规制的目标。合理的医疗费用支出是我国医疗保障水平提高、深化医改取得效果、经济发展成果反哺民生短板的重要体现，医疗费用不合理增长则是医疗资源的浪费，与新一轮医改政策初衷相违背。而医疗服务价格规制解决的是医疗费用不合理增长的问题，所以控制医疗费用的不合理增长，使增长幅度保持在合理水平才是规制的最终目的。另一方面，医疗服务价格规制是否有效在于体制与机制的有效联动。当前，医疗服务价格改革已进入深水区，但医疗服务价格项目和分类管理混乱、定价方式不规范、监督体系不完善、三医联动机制尚未有效建成、价格改革与三医联动机制并未有效衔接仍是体制和机制层面亟须解决的重大问题，这也是导致我国结构性控费失效的重要原因。

为了推进我国医疗卫生事业的可持续发展，控制医疗费用不合理增长，本书建议采取以下措施：

第一，深化改革医疗服务价格规制结构。我国医疗卫生体制改革中核心的医疗服务价格规制与控制医疗费用的关系是复杂的。在构建医疗服务价格规制政策的理念上，必须将市场规律与我国医疗卫生体制改革实情有机结合才能发挥功效。深化改革医疗服务价格规制结构，应做好以下三点，一是进一步降低药品费用，合理拓宽基本药物的覆盖面，适当扩大政府定价范围；二是改革财政补偿制度，提升医务人员的劳务价值；三是放宽民营资本对医疗市场的进入限制，鼓励竞争，实现政府定价和竞争定价双向参考机制。

第二，构建合理有效的三医联动机制。控制医疗费用不合理增长需要重构合理的医疗服务体系，建立符合市场规律的医疗服务价格规制政策就显得尤其重要。实现整体的医改目标即构建合理有效的三医联动机制，三医联动的控费机理在于能够有效地将医疗服务价格规制政策、医保支付方式改革和临床路径有机结合，形成合理的药品和医疗服务价格，进而达到控制医疗费用不合理增长的目的。

第三，优化控费结构。一方面，我国已全面取消了以药养医机制，但是门诊的药品费用比例仍然没有得到有效控制。这就要求，在未来改革中，应将医疗机构的门诊收入限于诊疗服务层面，对药品和诊疗服务建立分开的财务核算体系，从根本上切断药品和医疗供给方的利益关系。另一方面，本书的研究虽然得出门诊和住院的检查费用得到有效控制的结论，但不可否认的是，过度检查依然是患者医疗费用负担增长的重要原因。未来可以考虑将检查费用列入医保报销范围，具体包括体检、慢性病、生殖疾病检查等，建立起人人都负担得起的医疗制度。

第四，加快医疗服务均等化建设。党的十九大对我国社会的主要矛盾进行了新的概括，区域控费存在差异正是新概括的社会主要矛盾的具体体现。进而，对于医疗服务价格规制的功能定位，需要让其回归本质，即在适应经济发展水平的前提下，全面降低我国城乡居民各类医疗费用的支出，控制门诊和住院药品费用比例，约束过度检查费用，真正实现医疗改革成果由全体人民共享。因此应进一步加大对中西部医疗资源的投入，优化区域医疗资源的合理配置，缩小中西部与东部之间医疗资源的供给差异，提升统筹水平，以实现医疗服务均等化。

7 经济性规制对医疗服务质量影响的机制分析

7.1 理论分析与机制阐释

7.1.1 经济性规制的目的：价格与质量

现有的文献为我们理解医疗服务的经济性规制对医疗服务效率的影响提供了深入的洞见。Paul J.Feldstein（1988）认为医疗卫生服务具有很强的正外部性，是无法按照"谁受益，谁分担"原则承担成本的。Shain and Roemer（1959）提出，医疗服务供需之间的信息不对称可能导致"供给诱导需求"问题出现，信息不对称的医疗需求供方引导会导致"反常"的价格反应，并增加供应数量和提高需求价格（Evans，1974）。规制理论认为，医疗服务领域的市场失灵很难通过其他形式的竞争加以纠正，必须加强政府对医疗服务市场的管控（Leffler，2000）。但是，如果在医疗服务市场中，供给方对消费者需求起决定性作用，那么市场机制将不能产生公平的均衡价格并实现资源的最优配置，如果供给诱导需求导致市场失灵，政府规制便成为医疗服务治理的唯一政策选择（Reinhardt，1989）。美国在20世纪70年代便开始采用设定费率的医疗产品定价制度，并针对价格规制对医疗服务效率的影响展开了一系列的评估研究。诸多研究普遍认为医院费率对医院成本年均增长率存在显著影响，发现价格规制能有效地降低医院运营成本的增长率，缓解各级政府面临新的财政预算压力，但医疗服务质量并未显著降低（Biles et al.，1980；Melnick et al.，1981；Sloan，1983）。自1983年美国联邦政府在医疗照顾计划（Medicare）中实行"按病种预付诊疗费用"（Diagnosis Related Groups，简称DRGs）机制，这种规制方式和支付制度变革引发了很多理论或实证研究，分析其对降低医疗服务成本、提高医疗质量的影响（Shleifer，1985），Junoy（1999）认为DRGs可以抑制医疗服务费用增长，但并不能提高医疗服务质量（Joskow，1983）。Feinglass and Holloway（1991）在关于医疗保险预期支付系统（Prospective Payment System，简称PPS）的研究中，认为PPS对医疗服务机构降低成本具有激励作用，护理设施和出院后家庭医疗护理增加，医疗服务质量也并没有显著降低。

国内关于价格规制的相关研究普遍认为，医疗服务价格不规范问题是导致不合理医疗行为出现的重要原因，通过有效的规制能够在一定程度上减轻信息不对称的程度，有必要通过政府制定合理的规制政策来保障基本医疗服务供给（李丽，2007；宋华琳，2009）。曲振涛和杨恺钧（2006）认为低质量的医疗服务不仅会导致患者利益受损，也会造成社会医疗资源的浪费。周小梅（2008）发现对医疗服务市场进行规制不利于医疗服务质量的提升，并且规制越严格，越不利于医疗服务行业的技术创新。同时，当医疗服务行业的约束变多效率降低时，人们会为了避开规制采取向医生行贿及必要的转移就医等措施，会产生额外的就医成本，加重患者的费用负担，不利于社会福利的提升。朱恒鹏（2007）则认为，医疗服务价格规制政策会在一定程度上扭曲医疗、医药价格，导致医疗费用持续上涨，加剧医疗资源的不合理配置程度；公立医院在实施药品零差率政策后，次均门诊费用、次均住院费用并未降低，反而显著增加，从成本–收益角度来看，医疗质量不升反降（金春林等，2010；田立启等，2011；张丽青等，2012；于春富、牟蔚平，2012；杨敬，2012；沈荣生，2013；彭宅文、岳经纶，2018；房莉杰，2018）。

Arrow（1963）认为医疗服务市场具有特殊性。一方面，由于疾病发生具有不确定性特征，患者何时患疾及严重程度均无法预测；另一方面，患者的病情因人而异，采取何种治疗手段，疗效如何也难以预知。因此，便导致了医疗服务市场的特殊性特征。而人们对医疗服务的需求受经济条件、医疗技术及社会保障水平等诸多因素的影响，患者对医疗服务的满意程度在医疗过程中也很难客观衡量，因为无法完全准确判断疾病的治愈究竟是医学治疗产生效果，还是患者免疫系统的自我修复。此外，"医疗"这一"商品"在患者与医疗机构或医生进行"交易"的过程中，无法预测的"不确定性"是产生价格和质量分歧的重要原因，患者并不能判断自己的病情。例如，即使轻如普通的流行性感冒，对患者而言，其难受的程度并不一定低于恶性肿瘤的初发阶段，甚至远高于某些致命的慢性疾病。而医生在提供医疗服务的过程中也要分情况处理：例如，流行性感冒可以通过慎用药物治疗而使患者自我康复，但某些严重疾病即使采用昂贵和先进的治疗手段也无法痊愈，按照患者的自我感知是无法判断病情的。Arrow主张医疗的非营利性，正是以医患之间的信任关系为基础的。他认为缺乏信任的医患关系，是导致医疗价格偏离服务动机而过度增长的主要原因。一方面，社会对于健康和生命的需求是无限的，缺乏信任而只有"经济关系"的医患关系会造成一系列的问题，医疗机构和医生会基于自身的专家地位，在医患信息不对称条件下提供医疗服务，患者无法拒绝，以致社会保障水平越高，这一问题越严重。另一方面，医生可能根据患者的经济条件实施价格歧视，经济条件好的患者可能会接受更多的不必要的治疗；经济条件较差的患者可能不能得到充分的治疗服务。

目前，这一问题可能更普遍。首先，中国的医疗服务供应主体是公立医疗机构，而这些公立医院的正常收支往往是不平衡的，政府财政的投入非常有限，而医疗机构的医疗服务供给又要经过主管机构的各种考核评估，为提供足够的医疗服务，公立医院只能自我扩张，而扩张所需要的经费只能自筹。其次，在绝大多数地区，公立医院是事业单位属性，其医护及管理人员是具有事业编制的正式员工，但在行政编制的管理约束下，扩张带来的人员缺口往往只能通过"编外合同"或临时工来进行补充，补充人员的工资是没有财政拨款的"统筹"收入，只能依赖医院自身营业收入来支付工资，其工资水平往往和各科室的收入挂钩。再次，如前文所述，普通疾病的患者往往会因病情发展而出现难受的生理反应，这时他们往往会主动寻求医生帮其缓解不舒服的状况。例如，普通的感冒发烧本可自愈，通过服用中草药制剂（如板蓝根、蒲地蓝）等简单治疗或多休息即可缓解症状，但患者通过注射大量抗生素可能会收到立竿见影的效果，过快康复的患者甚至认为这是一种"好"的治疗方式。而类似过度诊疗更普遍发生于其他重症领域，医院和医生通过使用价格更昂贵的诊疗方式（如心脏搭桥手术等）来增加利润，患者甚至也认为价格贵的治疗会更有效果，其满意度更高。最后，中国的医疗服务市场是以公立医疗机构为主的，非公立医院无论是从设施还是人员等方面都无法与公立医院进行竞争，缺乏竞争压力且具有营利属性的公立医院是导致患者就医成本高涨的直接原因。因此，自中国医疗卫生体制改革以来，医疗服务价格规制的主要目标就是：控制价格。但价格控制政策是否会导致医疗服务效率的降低是一个值得思考的命题，政府价格规制政策本身包含了一定的矛盾，"物美价廉"本就违背经济规律，医疗服务本身也是具有一定成本的，医疗机构可以在价格向下调整的背景下，通过降低服务标准来压缩成本，不减少自身的利润空间来规避规制。但政府的价格规制政策是为了使医疗价格回归合理区间，同时保证医疗服务的质量，而本章的研究正是基于此目的，考察政府的医疗价格规制政策是否会对医疗质量产生影响。

7.1.2 经济性规制的方式：数量与准入

正如前文所述，医疗服务业是一种特殊行业，兼具经济性与社会性。Arrow 所主张的非营利性医疗机构应占医疗市场的主导地位，是希望让医疗服务脱离追逐利润的动机。在他看来，健康权是人的基本权利，而医疗机构的私有化和市场化很难保证在一个社会中人人可得健康权。但公平与效率的天然矛盾，要求政府对医疗资源的分配，既要解决公共产品供给的市场机制失灵问题，也要保障医疗服务的分配公平问题。而我们所倡导并追求的理想医疗卫生体制，是在医疗服务市场的效率原则基础上，以基本医疗服务"人人可得"为前提的。

世界各国的医疗卫生体制因国情不同而具有差异，完全的政府或市场供应是极为罕见的，现代的医疗卫生体制基本是政府与市场相结合的方式。Jofre-Bone（2000）、Gaynor（2012）、Andritsos and Tang（2014）等都认为，形成一种私立医院和公立医院共存的混合市场更具有效率优势，也可以有效降低政府的医疗公共支出，进而提高医疗服务效率水平。由于存在供给诱导需求及防范医疗服务业垄断，为限制地方医疗机构的过度扩张，英美等国普遍实行需求审批许可证（Certificate of Need，简称CON）制度，目的是通过规制"不必要的重复投资"来降低医疗成本。该制度要求医疗机构在增加床位和购置诊疗设备等方面的超限额新增投资须经政府部门计划批准，目的是防止昂贵设备和项目的不必要重复投资，降低成本。Ford and Kaserman（1993）发现CON制度确实对医疗成本具有影响，CON制度对行业的进入和扩张提供了有效的约束，它阻碍了新增产能的增长，从而导致产能下降和集中度提高。但是，Salkever and Bice（1976）发现CON制度并没有减少投资总额，只是改变了其组成，虽然抑制了床位供应的扩张，但增加了对新服务和设备的投资，导致每张床位提供服务的注册护士和持证护士数量增加，单位病床投资额随人力资本投入形式变化而增加，医院利用增加护理人员数量形式的资本投资替代了床位数投资。Conover and Sloan（1998）评估了CON制度对人均医疗支出、医院供应、技术扩散和医院行业组织的各种指标的影响，发现CON制度对人均急性护理支出的长期减少具有显著影响，但并未显示出人均总支出的减少。Antel et al.（1995）通过对1968—1990年美国48个州20多年的面板数据进行研究，发现大多数的政府监管项目对医院成本的影响甚微，没有证据表明医院的投资规制降低了医院成本。Held and Pauly（1983）认为，市场中行业集中度的提高会导致护理质量整体恶化，因为具有市场力量的企业试图通过降低固定（受监管）价格的成本来增加利润。Held et al.（1991）进一步研究表明进入壁垒引起的质量下降导致该行业患者死亡率上升。Ford（2000）研究发现，所有权结构对医疗服务质量具有影响，医生个人所有的诊所提供的护理质量明显高于企业所有的诊所。大多研究认为，CON制度通过维持不必要的高水平行业集中度和限制供应，维持了现有医疗机构的垄断力量，从而为其提供了通过降低服务质量来增加利润的必要条件，由此会产生严重的医疗质量问题。

英美等国的相关研究和经验为我国的医疗卫生体制改革提供了经验借鉴，但需要认识到的是英美等国的医疗卫生体制是建立在市场化体制基础上的，CON制度的规制对象是具有公益属性的大型医疗机构，个人或企业的医疗服务市场准入并不严苛。相反，我国的实际情况是医疗服务的市场化严重不足。因此，中国医疗卫生体制改革，应该鼓励社会资本进入医疗服务领域，鼓励个人和民营资本创办私立医疗机构，为医疗服务市场引入竞争机制，改变现有医疗服务市场的寡头竞争结构，提高医疗服务市场的活力（张二华等，2010；邓国营等，2013）。

国外医疗服务市场也存在垄断性特征。例如，美国的大部分地区也不存在具有竞争性的医院市场（Luft and Maerki，2010）；而英国的医疗"竞争式规制"改革也存在医院数量少，市场缺乏有效竞争等问题（Legnard，1999）。但英美的医疗服务市场的竞争缺乏，是由于医疗机构在市场竞争过程中所形成的自然垄断造成的。而中国的医疗服务市场的竞争缺乏，是由于行政性垄断造成的。我国的每个地区会重点建设1~2所公立医院，很容易形成自然垄断地位（李玲、江宇，2010），每个地区的医疗机构都和上级政府机构产生行政的隶属关系，该地区的所有医疗服务组织的设立都须经相关政府主管的各级审核批准方能设立。公立医院的主要负责人和业务主管，往往又兼有各地方卫生审批专家或督查等职，导致私营机构往往只能依托于公立医院开展业务，无法对公立医疗机构形成实质性的竞争。刘小鲁（2011）认为医疗市场的竞争机制能够打破垄断、提高医疗服务的绩效，应该鼓励社会资本进入市场，因为这是医疗服务体系改革的路径之一，充分的市场竞争机制能够在一定程度上满足医疗服务的特殊性，从而提高医疗资源的配置效率。因此，有必要进一步降低医疗市场的进入壁垒，放松对医疗服务的市场准入规制（石磊，2008），引入市场竞争，提升医疗服务质量（刘君、何梦乔，2010）。

王晓玲（2009）认为，政府的政策歧视致使民营医院的准入门槛过高，民营医院的医疗资源无法实现优化配置。周小梅（2006）指出我国医疗服务行业市场化改革存在诸多不足，政府应制定有效的规制政策对医疗服务市场进行规制，有必要重新评估已批准的医疗执业机构，并对营利性和非营利性医疗机构分别进行市场准入规制，这样才能有效提高医疗服务效率。在实践中，医疗服务市场化改革也出现了一些问题，如公立医院曾实施了科室或服务的外包，这便出现了一种"公"中有"私"的现象，也出现一系列因"私"逐利，并导致医疗服务效率严重下降的情况发生。而私营医疗机构的生存和发展空间有限，在资源和财力缺乏的情况下，往往更倾向于发展成对医疗技术和资本投入更少的专科性医院，从而避免与公立医院进行直接竞争。例如，从20世纪80年代兴起至今的各类皮肤病专科医院和疑难杂症门诊即为典型例证，这些医疗机构往往利用不合理的医疗方式进行诊疗，如采用含大量激素的药物治疗湿疹，或高价售卖医药产品用于治疗某些具有隐私性的皮肤性疾病，而这些疾病往往仅需要使用常用的低价药物（如青霉素等）即可治愈。对于某些特殊的疑难杂症，这些医疗机构虚假宣传疗效，并采用不当手段进行诊治，导致诸多医疗事故和医疗纠纷的发生。2014年的魏则西事件更是直接揭露了我国在医疗服务市场化改革中的弊端和不足，医疗服务市场准入规制通过行政程序筛选出具有提供服务能力的医疗机构，提供社会所需的医疗服务产品，并对这些机构的诊疗行为进行严格的监督。虽然朱恒鹏（2011）认为中国的医疗服务应完全取消政府规制，但缺乏规制的医疗服务市场必然是盲目且无序的，即使市场的自由竞争能够最终形成规范的秩序，但秩序形成前的无序过程究竟需要多久，会对社会及当代人的健康造成多大的危害尚且无法判断，这种完全市场化改革的边际成本是无法预知的。

因此，采用有规制的市场化改革应该更能为整个社会所接受。当然，包括李玲教授在内的诸多学者，在不同场合均提出公益性医疗服务改革，而且中国的医疗服务主体也在朝向公益性改革迈进，但并不能完全否定市场化改革的必要性和作用。正如前文所述，中国医疗服务市场的最大问题并非规制不足，而是市场化不够充分。因此，对医疗服务市场准入规制进行分析和实证研究，分析其对医疗服务成本及质量的影响具有重要的现实意义。

7.1.3 经济规制政策传导：机制与渠道

通过前述研究，结合相关文献可发现，政府医疗服务价格规制的目的是以合理的价格保障医疗服务供给，通过实行价格规制抑制医疗服务价格过快增长。但公立医院在财政投入不足以维持自身收支平衡、无法满足扩张需求的情况下，如果不采取相应的政策措施，必然会压缩相应的服务成本。服务成本的降低可能会导致医疗服务效率的下降。同样，为应对政府的医疗服务价格规制政策，医疗机构可能会采取相应的政策规避手段，或规制俘获导致规制失灵。而政府的价格规制政策可能会导致医疗机构进一步强化自己的逐利能力，通过更严重的过度诊疗来提高自身的收益。具体表现为：在医疗服务价格恒定的条件下，将附加收入转移至医学检查、药品、耗材等服务项目；或通过降低医疗服务质量，拒绝重症患者，减少诊疗成本，以降低价格规制导致的收益损失。

同理，政府的市场准入规制政策，会对医疗服务市场的竞争程度产生影响。有效的市场竞争机制是产生合理医疗服务价格的先决条件，政府的市场准入规制政策会对民营资本和其他社会资本进入医疗服务行业产生显著影响，规制过度的规制政策必然会降低医疗服务的市场化程度。这种规制政策可能有利于保障公立医疗机构在医疗服务市场中的主体地位，但是否能提高医疗服务的公益水平还存在疑问。充分的市场竞争机制能够在一定程度上满足医疗服务的特殊性，从而提高医疗资源的配置效率（刘小鲁，2011）。因此，评价医疗服务市场准入规制的准则，主要还是通过其对医疗服务效率的直接影响来衡量的。

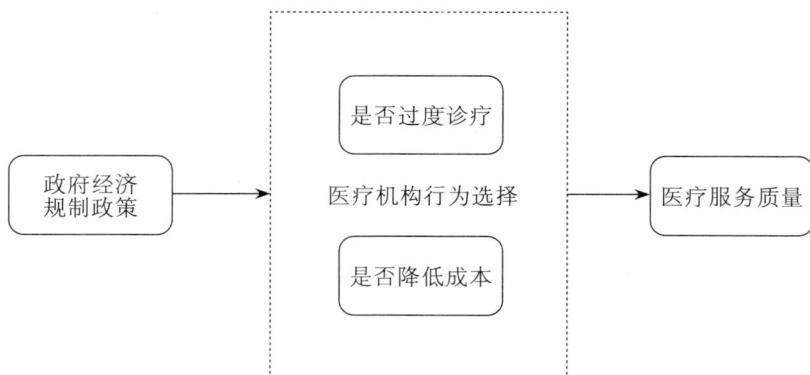

图 7-1　政府经济规制对医疗服务质量影响的机制与渠道

因此，在已知政府医疗服务价格规制对患者的住院死亡率、孕产妇死亡率、家庭卫生服务次数和人均住院自付费用等因素具有显著影响，医疗服务市场准入规制对孕产妇死亡率、家庭卫生服务次数、次均门诊费用具有显著影响的情况下，本书将进一步研究医疗服务价格规制和市场准入规制对医疗服务效率的政策影响机制和渠道（见图 7-1）。理论上，政府的医疗服务经济规制政策的目的，是在控制成本的条件下提高医疗服务效率。那么，政府的规制政策必然会影响医疗机构的行为选择，而医疗机构的任何行为选择不外乎过度诊疗或降低成本，这些都会对医疗质量产生直接的影响。这种规制政策的传导机制和渠道的研究，为我们更深入了解医疗服务经济规制对医疗质量的影响具有重要意义，对进一步深化政府医疗服务规制改革也具有显著的实践价值。

为进一步深入剖析政府规制政策对医疗服务效率的影响机制与渠道，本书会进一步将政府的规制政策划分成最普遍的价格规制与市场准入规制，并将医疗机构的行为选择按照医院的门诊和住院进行详细划分，以分别甄别具体政策的传导机制和影响渠道。

7.1.4　研究假设

政府制定医疗服务经济性规制政策的目的是抑制医疗成本的过快增长。医疗成本的增长必然会通过价格机制逆向传导，并将增长的价格转移成消费者的就医负担，这必然会对整个社会的医疗服务可得性产生影响，从而影响医疗服务的"人人可得"。如果对医疗服务价格实施规制，规制政策一定会影响供应主体的行为选择，这种行为选择最终会反映到医疗服务效率上。在经济规制政策的传导机制基础上，实证分析政府经济性规制政策对医疗服务效率的影响，能有助于政府制定更好的规制措施，提高医疗服务整体水平。基于此，本书做出以下假设：

假设1：政府实施医疗服务价格规制政策，会增加门诊病人的人均医药费和人均检查费，即政府对医疗服务的规制政策会让医疗机构将成本转移至其他医疗项目中。

假设2：政府实施医疗服务价格规制政策，会让医疗机构将成本转移给门诊病人，总成本增加，导致医疗服务效率降低。

假设3：政府实施医疗服务价格规制政策，会加剧住院患者过度诊疗现象，降低医疗服务效率。

假设4：政府实施医疗服务价格规制政策，会增加住院病人的就医负担，住院病人在其他项目上的支出会增加。

假设5：政府实施医疗服务市场准入规制政策，会增加患者的就医负担。

假设6：政府实施医疗服务市场准入规制政策，会降低医疗服务效率。

7.2 价格规制的政策效应与实证分析

7.2.1 样本选择与数据来源

本书的第4章和第5章均采用了中国各省份的面板数据进行了实证分析，但如果分析政府医疗服务价格规制政策效应及传导机制，将会面临数据缺失的问题。因此，本章以2003—2017年中国国家统计局、国家卫生和计划生育委员会、国家中医药管理局等部门发布的关于医疗方面的年度时间序列数据为基础，进行实证分析。

7.2.2　模型构建与变量说明

为检验假设 1、2，建立如下模型：

$$Adul\_mor_{i,t}=Pregu_{i,t}+Out\_me_{i,t}+Insp\_fe_{i,t}+Per\_GDP_{i,t}+Urb\_rate_{i,t}+Age\_rate_{i,t}+\delta_{i,t} \quad (7.1)$$

$$Life\_exp_{i,t}=Pregu_{i,t}+Out\_me_{i,t}+Insp\_fe_{i,t}+Per\_GDP_{i,t}+Urb\_rate_{i,t}+Age\_rate_{i,t}+\delta_{i,t} \quad (7.2)$$

在模型（7.1）和（7.2）中，Pregu 为医疗服务的价格规制变量，当前对于规制指标的度量在医疗服务领域较为罕见，这与医疗领域的特殊性有关，因为医疗服务本身具有公益性。但参考其他学科及研究领域（Aiken and Pasurk，2003；Xinpeng and Ligang，2000），为避免数据不可得，本章的规制指标采用单一指标作为规制的代理变量，即以门诊或住院的人均医疗服务费用作为规制的代理变量。主要变量的定义说明见表 7-1。

表 7-1　　　　　　　　　主要变量的定义说明

变量名称	代码	变量说明
医疗服务质量	Adul_mor	成人死亡率（15~60岁）（每 1 000 人）
	Life_exp	新生儿预期寿命（年）
医疗服务价格规制	Pregu	门诊病人人均医疗服务费用
门诊病人人均医药费	Out_me	门诊病人就医的人均药品费用支出
门诊病人人均检查费	Insp_fe	门诊病人就医时的各种医学检查项目费用支出
门诊病人人均挂号费	Reg_fe	门诊挂号费用
门诊病人人均治疗费	Tre_fe	患者在门诊就医时的治疗费用
住院病人人均医药费	H_me	住院病人的人均药品费用支出
住院检查费	H_ex	住院病人就医时的各种医学检查项目费用支出
住院病人日均医药费	H_dme	住院病人平均每天的费用支出
住院手术费	H_sur	住院病人的人均手术费用
住院治疗费	H_tre	住院病人的人均治疗费用
平均住院天数	P_inH	患者平均住院时间（天）
病床使用率	Bed_use	医院每天使用床位与实有床位的比率
人均国内生产总值	Per_GDP	人均国内生产总值（元）
城市化率	Urb_rate	城镇人口比重（%）
老龄化	Age_rate	65岁及以上人口比重（%）
年度变量	Year	样本期为 2003—2017 年

上述模型中，医疗服务质量的测度较为困难，如果想准确测量医疗服务质量必须构建复杂的指标体系进行综合测度，考虑到研究的成本及可能性，本章关于医疗服务质量的测度主要通过两个方面进行评价，即以成人死亡率（15~60岁）（每1 000人）（Adul_mor）和新生儿预期寿命（年）（Life_exp）作为医疗服务质量的代理变量。这主要是由于成人死亡率和新生儿预期寿命都和某一国家和地区的医疗水平具有密切的关系，医疗水平越高，成人死亡率越低，新生儿预期寿命越高。Out_me是门诊病人人均医药费，Insp_fe是门诊病人人均检查费。Per_GDP为人均国内生产总值，由于人均国内生产总值反映了年度的经济发展水平，经济发展水平往往和医疗保障及医疗技术水平具有密切的关系。因此，将人均国内生产总值作为控制变量。同理，城市化率（Urb_rate）也反映了经济的发展水平，经济发展水平越高，医疗费用可能会越高，医疗服务质量就越有可能得到改善。在因变量中，成人死亡率（15~60岁）实际上是考虑老龄化（Age_rate）的影响了，但老龄化是不是会对医疗费用产生影响还存在一定的争议，Barros（1998）认为人口因素与医疗费用的增长是不相关的。何平平（2006）认为，人口老龄化会对医疗费用增长产生一种长期影响，在短期是没有影响的。但Di Matteo（2003），李乐乐、杨燕绥（2017）等研究表明，老龄化会对医疗费用的增长具有显著影响。正因为存在争议，所以有必要将老龄化（Age_rate）作为控制变量，以消除对相关医疗费用指标的影响。

7.2.3 描述性统计结果

1.检验假设1和2所需样本的描述性统计

表7-2给出的是检验假设1和2所需样本的描述性统计情况，从医疗服务质量的衡量指标来看，Adul_mor的均值为92.29，最大值为103.00，最小值为80.00，标准差为7.06，总体来看具有一定的分布差异。Life_exp的均值为74.95，最大值为76.40，最小值为73.10，标准差为1.02，显示出样本分布差异相对较小。医疗服务价格规制变量（Pregu）的均值为91.66，最大值为150.70，最小值为48.99，标准差为31.76，样本具有较大的分布差异。Reg_fe的均值为1.63，最大值为

表7-2 检验假设1和2所需样本的描述性统计

变量	观测值	均值	标准差	最小值	最大值
Adul_mor	15	92.29	7.06	80.00	103.00
Life_exp	15	74.95	1.02	73.10	76.40
Pregu	15	91.66	31.76	48.99	150.70
Out_me	15	177.41	50.10	108.23	257.40
Reg_fe	15	1.63	0.08	1.40	1.70
H_ex	15	36.35	11.96	18.56	55.60
H_me	15	85.76	18.83	59.24	109.80
Tre_fe	15	17.82	3.91	12.19	25.80
Urb_rate	15	49.67	5.83	40.50	58.50
Age_rate	15	10.19	3.46	7.50	17.30
Per_GDP	15	32 458.67	16 072.68	10 666.00	59 201.00

1.70，最小值为1.40，标准差为0.08，样本分布差异非常小，这主要是由于门诊挂号费受到了最为严格的政府价格规制，较低的门诊挂号费是为了降低居民就医的进入门槛。而且，大型医院和中小型医院的门诊挂号费差异极小，很难从价格上将部分非必要前往大医院就诊的小病患者挤出，从而造成患者只要生病，都会前往大医院就诊，导致大型医疗机构患者过多。同样，Tre_fe也存在样本差异较小的情况，这与Reg_fe的情况类似，但此类医疗服务费的价格规制更多的是建立在医务人员高负荷工作的基础上的，而且医务人员的收入并未获得等额的有效回报，由此可能产生医务人员消极工作、降低服务质量或从其他方面寻求非法性的经济补偿等行为及现象。而其他的医药费和检查费指标均具有较大的样本差异，这也是本书假设1和2提出的依据之一，表明政府医疗服务价格规制，可能会对医院及医生的行为产生影响，当医疗服务价格受到了抑制，医院及医生可能通过其他方式寻求收益损失，最有可能也最容易操作的方式，便是增加门诊的检查和门诊药品支出。Urb_rate的均值为49.67，最大值为58.50，最小值为40.50，标准差为5.83，相对于经济

发达国家的城市化水平，我国的城市化水平依然不高。Age_rate 的最大值为 17.30，最小值为 7.50，标准差为 3.46，均值为 10.19，老龄化的发展速度较快，已经接近发达国家水平，这表明我国的老龄化形势已非常严峻了。从 Per_GDP 的数据来看，均值达到 32 458.67，最大值为 59 201.00，也意味着自 2003 年以来，我国经济快速发展，在经济获得快速发展的同时，人民群众的生活水平也在不断提高，民众对于医疗及医疗保障的需求也逐渐增加。

2. 检验假设 3 和 4 所需样本的描述性统计

表 7-3 给出的是检验假设 3 和 4 所需样本的描述性统计情况，与前文的指标相同，Adul_mor 的均值为 92.29，最大值为 103.00，最小值为 80.00，标准差为 7.06，总体来看具有一定的分布差异。Life_exp 的均值为 74.95，最大值为 76.40，最小值为 73.10，标准差为 1.02，显示出样本分布差异相对较小。医疗服务价格规制（Pregu）采用的是患者住院的人均医疗服务费用，均值为 6 617.69，最大值为 9 735.40，最小值为 3 910.66，标准差为 1 950.07，样本具有较大的分布差异。住院检查费（H_ex）的均值为 509.21，标准差是 219.39，最小值为 230.87，最大值为 894.90，具有较大的样本分布差异。而住院病人日均医药费（H_dme）和住院手术费（H_sur）的样本差异非常大，超过了门诊患者的数据差异，当然这与之前的情况是不同的，因为门诊的患者病情可能相对不太严重，患者的病情差异不大，患者的费用支出更容易体现出医疗服务价格规制的影响。而住院患者的医药费、检查费、手术费等方面的差异大，更可能受患者住院因病施治的差异所致。患者住院治疗费（H_tre）的均值为 1 024.85，标准差为 142.92，最小值是 819.36，最大值是 1 342.60，虽然这一差异仍然大于门诊治疗费，但与门诊治疗费具有共同特征，较低的差异更体现了医疗服务价格规制对医疗机构产生影响，医疗机构会将压缩的成本的一部分责任转移至医务人员身上，价格规制对医务人员的劳动报酬、工作压力、服务质量都必然产生影响。而这种影响会体现在住院病人的平均住院天数（P_inH）和医院病床使用率（Bed_use）上，这也是判断是否存在过度诊疗的一种重要方式，因为在控制其他因素影响的条件下，平均住院天数和医院病床使用率的

异常增加，肯定存在医疗服务价格规制的影响。

表7-3 检验假设3和4所需样本的描述性统计

变量	观测值	均值	标准差	最小值	最大值
Adul_mor	15	92.29	7.06	80.00	103.00
Life_exp	15	74.95	1.02	73.10	76.40
Pregu	15	6 617.69	1 950.07	3 910.66	9 735.40
H_ex	15	509.21	219.39	230.87	894.90
H_dme	15	711.16	249.60	388.15	1 142.30
H_sur	15	517.27	77.13	361.35	684.00
H_tre	15	1 024.85	142.92	819.36	1 342.60
P_inH	15	10.27	0.60	9.30	11.00
Bed_use	15	81.25	8.25	65.30	90.10
Urb_rate	15	49.67	5.83	40.50	58.50
Age_rate	15	10.19	3.46	7.50	17.30
Per_GDP	15	32 458.67	16 072.68	10 666.00	59 201.00

7.2.4 实证分析结果

1.价格规制（Ⅰ）对医疗服务质量的影响

根据实证分析结果，表7-4给出的是医疗服务价格规制和医疗服务质量的回归结果，其中表7-4的（1）列和（5）列是未加入其他控制变量时的回归结果。从回归结果可以看出，就医疗服务价格规制对门诊医疗服务的影响来看，医疗服务价格规制对成人死亡率的回归系数显著为负，并且在1%显著性水平下显著，回归系数为−0.217。在加入了控制变量之后，回归结果的显著性降低了，在5%显著性水平下显著，回归系数为−0.383；而人均国内生产总值（Per_GDP）对成人死亡率（Adul_mor）的影响在5%显著性水平下为正，这一结果与第5章的回归结果接近，可能是经济增长的同时，个人健康因素没有获得相同水平的增长，但并不能得出经济增长不利于健康的结论。城市化率（Urb_rate）对成人死亡率（Adul_mor）在5%显著性水平下具有显著影响，系数为−1.847，这表明城市化的发展对居民健康和医疗服务质量是具有积极作用的。而老龄化（Age_rate）对成人死亡率（Adul_mor）并不具有显著影响，这一结论是有效的，因为成人死亡率中的年龄是15~60岁，实际上已经排除了老龄化（≥65岁）的因素。

同样，考察医疗服务价格规制对新生儿预期寿命（Life_exp）的影响，表7-4的（5）列是未加入其他控制变量时的回归结果，回归结果显示，门诊医疗服务的价格规制对新生儿预期寿命（Life_exp）的回归系数显著为正，在1%显著性水平下显著，回归系数为0.0311。这表明医疗服务价格规制对新生儿预期寿命（Life_exp）是有积极影响的。在加入了控制变量之后，回归结果在1%显著性水平下依然显著，回归系数为0.02。人均国内生产总值（Per_GDP）对新生儿预期寿命（Life_exp）的影响在1%显著性水平下为负，系数为−0.0001，这与前文的研究结论是一致的，经济增长并没有获得对医疗服务质量提高的积极影响。城市化率（Urb_rate）对新生儿预期寿命（Life_exp）在1%显著性水平下具有显著影响，系数为0.3753，这表明城市化的发展对医疗服务质量是具有积极作用的。而老龄化（Age_rate）对新生儿预期寿命（Life_exp）仍然不具有显著影响，这也进一步印证了前文分析的原因，更表明实证模型的有效性。

实际上，真正重要且值得关心的是医疗服务价格规制究竟通过何种机制影响医疗服务质量。进一步，本书加入其他对医疗服务质量具有影响的控制变量，分别为门诊病人人均医药费（Out_me）和门诊病人人均检查费（Insp_fe）。在回归模型中加入门诊病人人均医药费（Out_me）后，根据表7-4的（3）列和（4）列，医疗服务价格规制（Pregu）对成人死亡率（Adul_mor）的影响并没有发生方向性的变化。门诊病人人均医药费（Out_me）和门诊病人人均检查费（Insp_fe）对成人死亡率（Adul_mor）在10%显著性水平下具有显著影响。系数分别为0.0001和0.2304，这意味着门诊病人人均医药费（Out_me）和门诊病人人均检查费（Insp_fe）在一定程度上会增加成人死亡率（Adul_mor），是不利于医疗服务质量的。

根据表7-4的（7）列和（8）列，医疗服务价格规制（Pregu）对新生儿预期寿命（Life_exp）的影响也没有发生方向性的变化。门诊病人人均医药费（Out_me）和门诊病人人均检查费（Insp_fe）对新生儿预期寿命（Life_exp）在10%显著性水平下具有显著影响。但（7）列和（8）列中门诊病人人均医药费（Out_me）和门诊病人人均检查费（Insp_fe）对新生儿预期寿命（Life_exp）的影响并不一致，门诊病人人均医药费（Out_me）对新生儿预期寿命（Life_exp）在10%显著性水平下具有正向影响，系数为0.002；门诊病人人均医药费（Out_me）对新生儿预期寿命（Life_exp）在10%显著性水平下具有负向影响，系数为−0.0112。对于这种影响可以作以下分析：首先，门诊病人人均医药费（Out_me）和门诊病人人均检查费（Insp_fe）会增加成人死亡率（Adul_mor），这表明医疗服务过程中，过度诊疗行为，如多开药、多检查对患者的健康是不利的，也会造成患者就医成本的增加。其次，门诊病人人均检查费（Insp_fe）同样对新生儿预期寿命（Life_exp）具有一定的负向影响，这也表明很多时候过多的医学检查项目是没有必要的。当然，详细的医学检查是可以避免医疗事故和纠纷，但也造成了资源的浪费。再次，门诊病人人均医药费（Out_me）对新生儿预期寿命（Life_exp）具有一定的正向影响，可能是由于：一方面，医疗过程中即使面对利益诱惑和经济驱使，医生的职业责任和个人道德仍然可能会占据主导。另一方面，某些价格昂贵但更有效用的药物更可能被开具处方，患者接受了更好的治疗。此外，部分患者可能通过网络等其他方式，学习一些常用疾病的治疗知识，减少了与医生之间的信息不对称程度。从表7-4的（3）、（4）、（7）、（8）列可知，人均国内生产总值（Per_GDP）、城市化率（Urb_rate）及老龄化（Age_rate）对医疗服务质量的影响并未发生显著变化。根据上述分析，可以得出门诊的医疗服务价格规制实际上对医疗服务质量并没有产生显著的负向影响，可以拒绝原假设。

表7-4　门诊医疗服务价格规制对医疗服务质量的影响机制识别

变量	医疗服务质量							
	Adul_mor				Life_exp			
	(1)	(2)	(3)	(4)	(5)	(6)	(7)	(8)
Pregu	-0.217***	-0.383**	-0.383**	-0.419*	0.0311***	0.0222***	0.0212***	0.0239**
	-17.68	-2.616	-2.300	-2.231	14.301	3.9162	3.3161	2.6206
Out_me			0.0001*				0.0018*	
			0.0007				0.4280	
Insp_fe				0.2304*				-0.0112*
				0.2458				-0.2492
Per_GDP		0.0010**·	0.0010**	0.0009**		-0.0001***	-0.001***	-0.0001***
		2.7007	2.3019	2.3196		-8.0248	-7.0980	-7.412
Urb_rate		-1.847**	-1.847**	-2.0960*		0.3753***	0.3732***	0.3875***
		-3.130	-2.906	-1.8821		16.407	15.299	7.1249
Age_rate		-0.0407	-0.0407	-0.0176		-0.0083	-0.0080	-0.0094
		-0.1359	-0.1287	-0.0554		-0.7145	-0.6614	-0.7244
C	112.26***	187.17***	187.17**	194.66**	72.101***	58.099***	58.063	57.731
	94.243	7.9115	7.4774	5.4312	342.097	63.349	60.443	32.803
R^2	0.9600	0.9803	0.9803	0.9804	0.9402	0.9985	0.998	0.9985
F	312.59	124.553	89.678	90.072	204.51	1 765.77	1 297.27	1 280.14
N	15	15	15	15	15	15	15	15

注：括号内为T值，且*p < 0.1，**p < 0.05，***p < 0.01。

2.机制的影响与价格规制政策效应

为进一步验证假设，本书将医疗服务价格规制（Pregu）作为解释变量，构造模型（7.3）、（7.4）、（7.5）、（7.6），估计医疗服务价格规制（Pregu）对门诊病人人均医药费（Out_me）、门诊病人人均检查费（Insp_fe）、门诊病人人均挂号费（Reg_fe）和门诊病人人均治疗费（Tre_fe）的影响，进而分析政府医疗服务价格规制政策的传导机制：

$$Out\_me_{i,t} = Pregu_{i,t} + Per\_GDP_{i,t} + Urb\_rate_{i,t} + Age\_rate_{i,t} + \delta_{i,t} \qquad (7.3)$$

$$Insp\_fe_{i,t} = Pregu_{i,t} + Per\_GDP_{i,t} + Urb\_rate_{i,t} + Age\_rate_{i,t} + \delta_{i,t} \qquad (7.4)$$

$$Reg\_fe_{i,t} = Pregu_{i,t} + Per\_GDP_{i,t} + Urb\_rate_{i,t} + Age\_rate_{i,t} + \delta_{i,t} \qquad (7.5)$$

$$Tre\_fe_{i,t} = Pregu_{i,t} + Per\_GDP_{i,t} + Urb\_rate_{i,t} + Age\_rate_{i,t} + \delta_{i,t} \qquad (7.6)$$

　　表7-5显示了回归模型（7.3）—（7.6）的基本结果。在表7-5中，（9）列是医疗服务价格规制（Pregu）对门诊病人人均医药费（Out_me）的影响，可以看出医疗服务价格规制（Pregu）对门诊病人人均医药费（Out_me）在5%显著性水平下，具有负向影响，影响系数为-0.495230，即对于门诊医疗服务价格的规制政策是可以降低门诊病人的医药费的。（10）列是医疗服务价格规制（Pregu）对门诊病人人均检查费（Insp_fe）的影响，可以看出，医疗服务价格规制（Pregu）对门诊病人人均检查费（Insp_fe）具有正向影响，在1%显著性水平下显著，系数为0.223479，这表明政府的门诊医疗服务价格的规制政策反而增加了门诊患者的人均检查费，降低了药品支出。在（11）列和（12）列中，医疗服务价格规制（Pregu）对门诊病人人均挂号费（Reg_fe）和门诊病人人均治疗费（Tre_fe）的影响的估计系数却并不显著，这可能是由于存在遗漏变量所导致的估计偏误，还有一种可能性就是门诊病人人均挂号费（Reg_fe）和门诊病人人均治疗费（Tre_fe）本来就属于医疗服务价格的一部分，不同的是门诊病人人均挂号费（Reg_fe）和门诊病人人均治疗费（Tre_fe）受到了更为严格的政策规制，前文的描述性统计已经表明门诊病人人均挂号费（Reg_fe）和门诊病人人均治疗费（Tre_fe）的样本内部差异较小，特别是门诊病人人均挂号费（Reg_fe），样本标准差仅为0.08。

表7-5　　　　　　　　　　政策影响的间接机制估计

变量	Out_me	Insp_fe	Reg_fe	Tre_fe
	（9）	（10）	（11）	（12）
Pregu	-0.495230^{**}	0.223479^{***}	-0.009155	0.086441
	-2.412042	4.117772	-1.140847	1.532137
C	30.10053	-11.72391^{*}	1.726852^{***}	10.51817^{**}
	1.422194	-2.049624	4.831581	2.996046
控制变量	是	是	是	是
observations	15	15	15	15
R-squared	0.983231	0.997121	0.423667	0.980046
F-statistic	146.5885	865.8389	1.837771	122.7880

注：括号内为T值，且$^{*}p<0.1$，$^{**}p<0.05$，$^{***}p<0.01$。下同。

根据上述实证结果，可以从整体上来判断医疗服务价格规制对医疗服务质量影响所存在的间接机制。门诊病人人均挂号费（Reg_fe）和门诊病人人均治疗费（Tre_fe）本就属于医疗服务价格规制的部分方式，因此，这部分的支出增长相对较少，没有增加患者的就医负担。医疗服务价格规制（Pregu）对门诊病人人均检查费（Insp_fe）的显著影响，表明在控制医疗成本和患者费用支出的过程中，医疗服务价格规制的存在使医疗机构和医生实际上采取了相应的政策规避措施，即将医疗服务价格规制所带来的收益损失，通过增加门诊检查的方式，进行了收益补偿。但医疗服务价格规制（Pregu）对门诊病人人均医药费（Out_me）却具有负向影响，可能是由于样本数较少或遗漏变量所导致的，从其他方面对其进行解释更为合理：一方面，样本量选自2003—2017年。"医改"实际上已进入一种深化阶段，这期间"看病贵"的问题已被社会热议，政府也推出各项举措着力改变这一现状，"新医改"后的各项重要举措侧重于减少药品价格和患者负担，从而间接影响患者门诊的药品费用支出。另一方面，近年所实施的药品价格规制政策对药品价格的抑制发挥了一定的作用，例如"药品零差率""两票制"等相关政策的实施，也会对医疗服务价格规制作用的发挥产生积极影响。

通过表7-4和表7-5的回归结果，可以认为医疗服务价格规制对医疗服务质量具有一定的影响，同时，我们还验证了医疗服务价格规制会通过影响医疗机构的行为选择，即医疗服务价格规制可能会导致医疗机构通过其他形式的收益补偿，来减少自身收益的边际损失。因此，医疗机构的过度诊疗行为实际上是医疗服务价格规制的政策传导机制中的一种中介效应。

（1）中介效应。

对于中介效应的检验，本书根据温忠麟和叶宝娟（2014）的步骤进行检验，具体检验模型如下：

$$Y = \alpha * X + Control_{i,t-1} \tag{7.7}$$

$$M_{i,t-1} = \beta * X + Control_{i,t-1} \tag{7.8}$$

$$Y = \gamma * X + \delta * M + Control_{i,t-1} \tag{7.9}$$

α、β、δ、γ为检验系数，第一步检验X对Y的影响，若α显著，则进行第二步；若 β、δ 都不显著，则不存在中介效应；若 β、δ 显著，则说明 X 至少存在一部分对 Y 的影响，是通过 M 实现的。并且，若 γ 不显著则说明完全存在中介效应，即 X 都是通过 M 对 Y 产生影响的；若 γ 显著则说明部分存在中介效应，即 X 对 Y 的影响部分是通过 M 实现的。

为检验医疗机构行为的中介效应，本书设定模型如下：

$$Y=\alpha*Pregu_{i,t-1}+Control_{i,t-1} \tag{7.10}$$

$$X_{i,t}=\beta*Pregu_{i,t}+Control_{i,t-1} \tag{7.11}$$

$$Y=\gamma*Pregu_{i,t-1}+\delta*X_{i,t-1}+Control_{i,t-1} \tag{7.12}$$

其中 Y 包括 Adul_mor 和 Life_exp，X 包括 Out_me 和 Insp_fe。

第一步，通过检验 Pregu 对 Adul_mor 和 Life_exp 的影响，α 显著；则进行第二步（见表7-4）。第二步检验 Pregu 对 $X_{i,t}$，即对 Out_me 和 Insp_fe 的影响，β 显著；则说明 Pregu 至少存在一部分对 Adul_mor 和 Life_exp 的影响，是通过 Out_me 和 Insp_fe 实现的。另外，表7-4 的（3）、（4）、（7）、（8）列，与相关的系数均显著，即 γ 显著则说明部分存在中介效应，这意味着 Pregu 对 Adul_mor 和 Life_exp 的影响，部分是通过 Out_me 和 Insp_fe 实现的。

上述结果说明，医疗机构的行为在政府医疗服务价格规制对医疗服务质量的影响过程中起到中介作用，医疗机构的诊疗行为（包括过度诊疗或消极诊疗）能够通过增加门诊处方量（药品支出或检查费用）来获得自身的收益损失补偿，医疗服务价格规制越严格，医疗机构寻求补偿的动机越强，并最终影响医疗服务价格规制对医疗服务质量的影响。

（2）稳健性检验。

考虑到使用交互项也能有效捕捉到传递机制，且使用交互项进行实证分析是一种常见的方式，借鉴相关参考文献，直接引入 Pregu 与传导变量（Out_me 和 Insp_fe）的交互项来进一步捕捉传导机制。模型设置如下：

$$Adul\_mor_{i,t}=\varphi_0Pregu_{i,t}+\varphi_1Pregu_{i,t}*X_{i,t}+Per\_GDP_{i,t}+Urb\_rate_{i,t}+Age\_rate_{i,t}+\delta_{i,t} \tag{7.13}$$

$$Life\_exp_{i,t}=\varphi_0Pregu_{i,t}+\varphi_1Pregu_{i,t}*X_{i,t}+Per\_GDP_{i,t}+Urb\_rate_{i,t}+Age\_rate_{i,t}+\delta_{i,t} \tag{7.14}$$

其中 $X_{i,t}$ 为传导变量，利用模型（7.13）和（7.14），我们可以进一步考察 Pregu 是否会通过 X 渠道来影响医疗服务质量，φ_0 反映医疗服务价格规制医疗服务质量的影响，φ_1 反映渠道 X 的变化是否会加大或者减小对医疗服务质量的影响，结果见表7-6。

表7-6　　　　　　　　　　　稳健性检验 I

变量	Adul_mor	Adul_mor	Life_exp	Life_exp
	（13）	（14）	（15）	（16）
Pregu	−0.319819*	−0.363102*	0.047890**	0.019898**
	−1.013632	−2.014507	2.415547	2.909749
Pregu*Insp_fe	−0.008583*		−0.000313	
	−1.840714		−1.344619	
Pregu*Out_me		−0.000263*		3.01E−05
		−0.221598		0.668531
Per_GDP	0.001279***	0.001057**	−0.000101***	−0.000118***
	3.258302	2.278793	−5.784111	−6.110746
Urb_rate	−2.826498***	−1.920757**	0.315443***	0.415384***
	−4.154348	−2.734642	6.344482	12.36916
Age_rate	0.195576	−0.370451	0.004086	0.008762
	0.610830	−0.656512	0.282097	0.636114
C	207.5368***	182.8186***	59.28812***	57.44777***
	8.496645	8.689503	47.46451	47.64991
R-squared	0.983341	0.971606	0.998059	0.998059
F-statistic	147.5693	85.54574	1 285.780	1 285.780
observations	15	15	15	15

本书重点关注 Pregu 与 Out_me 和 Insp_fe 的交互项。首先，Pregu 对 Adul_mor 的影响显著为负，表明医疗服务价格规制对 Adul_mor 是具有积极影响的。其次，Pregu 与 Insp_fe 的交互项在（13）列和（14）列中，均为负，但系数值分别都发生变化，从 Pregu 与 Insp_fe 的交互项系数值的变化可以看出：X（Insp_fe）渠道对 Adul_mor 的影响恶化；Pregu 与 Out_me 的交互项系数值也发生类似的变化，X（Out_me）渠道对 Adul_mor 的影响恶化。最后，在（15）列和（16）列中，Pregu 对 Life_exp 的影响显著为正，表明 Pregu 对 Life_exp 是具有积极影响的，但 Pregu 与 Out_me 和 Insp_fe 的交互项对 Life_exp 的影响系数并不显著，这也间接表明 X（Out_me 和 Insp_fe）对 Life_exp 的恶化效应。这一结果也与前文的实证结果是一致的，表明本书的实证结果是稳健的。

7.2.5 进一步分析

1.价格规制（Ⅱ）对 Adul_mor 的影响

前文是以门诊数据为基础进行的实证分析，为进一步验证医疗服务价格规制对医疗服务质量的影响，以2003—2017年的住院医疗数据为基础进行实证研究。由于考虑到医疗保险的保障因素，中国的门诊医疗服务和住院医疗服务具有本质上的区别，为便于研究，本书将不考虑部分地区存在可以使用医疗保险门诊就医的情况，统一假定，患者只有住院才可以使用医疗保险报销医药费。

为验证假设3、4，建立如下模型：

$$Adul\_mor_{i,t}=Pregu_{i,t}+X_{i,t}+Per\_GDP_{i,t}+Urb\_rate_{i,t}+Age\_rate_{i,t}+\delta_{i,t} \qquad (7.15)$$

$$Life\_exp_{i,t}=Pregu_{i,t}+X_{i,t}+Per\_GDP_{i,t}+Urb\_rate_{i,t}+Age\_rate_{i,t}+\delta_{i,t} \qquad (7.16)$$

其中，$X_{i,t}$ 包括住院人均医药费（H_me）、住院人均检查费（H_ex）、住院手术费（H_sur）、住院治疗费（H_tre）、病床使用率（Bed_use）和出院者平均住院天数（P_inH）。

表7-7给出的是住院医疗服务价格规制（Pregu）和成人死亡率（Adul_mor）的回归结果，（1）列是未加入 $X_{i,t}$ 的回归结果，可以看出医疗服务价格规制（Pregu）和成人死亡率（Adul_mor）在10%显著性水平下显著，系数为-0.002，表明医疗服务价格规制（Pregu）在一定程度上可以降低成人死亡率（Adul_mor），这与前文的研究结论是一致的。（2）列是加入考察变量住院病人人均医药费（H_me）的回归结果，结果显示，医疗服务价格规制（Pregu）和成人死亡率（Adul_mor）在10%显著性水平下显著，系数为0.008，这表明加入考察变量住院病人人均医药费（H_me）后，医疗服务价格规制（Pregu）在一定程度上提高了成人死亡率（Adul_mor），而住院病人人均医药费（H_me）支出对成人死亡率（Adul_mor）在10%显著性水平下具有负向影响，系数为-0.087。这也基本符合常理，药品费用的增加，意味着患者接受了更好的药物治疗，而科技含量越高的药物，价格往往越昂贵。但加入考察变量后医疗服务价格规制（Pregu）对成人死亡率（Adul_mor）的影响由负变正，这表明政府医疗服务价格规制政策对医疗服务质量影响存在

的传导机制，也体现在医院对患者提供住院医疗服务过程中，这也意味着医疗机构在政府施行医疗服务价格规制政策时，有可能做出以下行为选择：（1）减少对患者的治疗，降低医疗医院的人均诊疗价格，从数据上更符合政策规制的要求；（2）增加非规制项目，或规制相对不严格项目的支出，从而提高业务收入；（3）增加更多的医疗服务项目，即使医疗服务受到政策规制，但只要能压缩医院对医务人员的工资支出，医疗服务项目的业务收入也能获得提高。

表7-7 住院医疗服务价格规制对Adul_mor的影响

变量	Adul_mor (1)	Adul_mor (2)	Adul_mor (3)	Adul_mor (4)	Adul_mor (5)	Adul_mor (6)	Adul_mor (7)
Pregu	-0.002*	0.008	0.0101*	-0.005	-0.002	-0.001	-0.002
	-0.657	1.448	1.841	-1.403	-0.584	-0.371	-0.402
H_me		-0.087*					
		-2.155					
H_ex			-0.132**				
			-2.317				
H_sur				-0.020*			
				-1.839			
H_tre					-0.003		
					-0.969		
Bed_use						0.434	
						1.744	
P_inH							1.512
							0.263
Per_GDP	0.001	0.001*	0.001	0.001	0.001	0.001	0.001
	1.015	2.174	2.929	0.956	0.731	1.787	0.983
Urb_rate	-1.378*	-2.810**	-3.696***	-0.296	-1.095	-3.543**	-1.569
	-1.860	-3.059	-3.684	-0.334	-1.372	-2.507	-1.475
Age_rate	-0.5940**	-0.0692	0.1689	-0.3395	-0.589**	0.0394	-0.611*
	-2.3350	-0.2120	0.4833	-1.2709	-2.310	0.0915	-2.222
C	166.89***	209.88***	227.73***	139.08***	158.59***	214.08***	155.39**
	5.9156	6.700	8.076	4.7126	5.3645	5.7355	2.948
R-squared	0.9682	0.9790	0.9812	0.9769	0.9712	0.9762	0.9684
F-statistic	76.175	84.088	94.120	76.152	60.756	73.989	55.284
observations	15	15	15	15	15	15	15

第（1）种情况实际上是医疗机构的消极医疗服务行为，这种情况更有可能产生价格歧视现象。因为医疗机构的行为选择是一种理性行为，只有提供更多的医疗服务才能获得经济收益。因此，消极诊疗一般不会发生，医疗机构更有可能选择的行为是价格歧视，即拒绝或减少对低支付能力患者的治疗，而患者的支付能力越强，医疗机构越有可能提供更多不必要的治疗。

在第（2）种情况中，政府对医疗的价格规制政策，会让医院和医生在受规制项目上缺乏提供更有效服务的动力，如挂号费，2003—2017年的挂号费均值仅为1.63元，最大值仅为1.70元。现实情况是，患者只要支付了挂号费，该医院的门诊专家就必须提供诊疗服务，而该医院门诊医生提供的医疗服务，需经历多年的专业学习、医学培养和经验积累。就挂号费而言，投入和回报比严重失衡，这种失衡现象相对大型和高水平医院来说更为严重。由于大型公立医院的挂号费，不高于甚至低于社区医院（门诊）的挂号费，患者只要生病，就会更倾向于到医疗水平更好的大型医院就医，这便会加剧大型医院的负担，造成拥挤，这也是造成"看病难"问题的原因，至少有一部分是由于不合理的价格规制政策所引起的。在这种情况中，医院和医生就会将自身的收益通过其他方式进行补偿。当药品和耗材价格具有寻租空间时，患者往往会被动支付不必要的药品和耗材费用。

第（3）种情况，涉及医院的管理制度和薪酬制度，医疗服务价格受到政府的规制，但规制的价格也会让医疗机构具有一定的营利空间，医院可以通过增加医务人员的工作负拒，降低工资和福利支出来压缩运营成本，从而提高医院整体效益。医务人员的职业流动性相对不高，特别对一些基层一线的员工而言，从事的是大量低技术含量的重复性劳动，这些医务人员的个人收入相对于工作负担而言，是比较低的。因此，医院会在不过多增加成本的前提下，增加医务人员对患者的劳务服务，特别是临时聘用的和无编制医务员工的劳务服务。例如，医学检查中，主要包括检验机器成本及损耗、检查耗材及检验人员劳务资本等成本，前两者能够从中获得的利润和价格空间是极小的，唯一能够压缩的便是检验人员劳务资本，这也是过度诊疗的一种重要隐形方式。特别是当药品及耗材价格及流通渠道被有效管控时，医院更可能通过这种过度诊疗的方式，来增加自身收益。

在表7-7的（3）列中，医疗服务价格规制（Pregu）对成人死亡率（Adul_mor）的影响为正，系数为0.0101，住院病人人均检查费（H_ex）对成人死亡率（Adul_mor）的影响在5%显著性水平下为负，系数为-0.132。这也进一步表明，在医疗服务价格规制的影响下，医疗机构更有可能通过增加住院病人的医学检查项目的费用支出，从而影响价格规制对医疗服务质量的影响效果。这也为当前医疗服务价格规制的不合理性提供了证据。可见，医疗服务质量并未因住院医疗服务价格规制得到提高，反而降低了。在（4）列和（5）列中，医疗服务价格规制（Pregu）对成人死亡率（Adul_mor）的影响并不显著，即无法判断加入住院手术费（H_sur）和住院治疗费（H_tre）两种考察变量后，医疗服务价格规制（Pregu）对成人死亡率（Adul_mor）的影响。前文已经论述过，相对住院病人人均检查费（H_ex）和住院病人人均医药费（H_me）而言，住院手术费（H_sur）和住院治疗费（H_tre）相对固定，患者是否接受手术和治疗，采用的手术和治疗也有明确的医学标准，医疗机构只能按病情和医学标准执行，并不能基于经济效益随意变更。因此，这部分的费用支出相对固定，价格也更透明。

在（6）列和（7）列中，加入考察变量病床使用率（Bed_use）和出院者平均住院天数（P_inH），医疗服务价格规制（Pregu）对成人死亡率（Adul_mor）的影响也不显著。这一方面佐证了前文的分析，另一方面也表明在医疗服务价格规制的政策传导机制中，过度诊疗行为的发生并不是通过增加患者住院这一方式。一般而言，患者住院次数越多，住院时间越长，所支付的医疗费用就会越多，医疗机构的获利空间也就越大，但医疗服务价格规制并未导致患者住院次数和平均住院天数的增加。正如前文的分析，中国社会医疗保险覆盖率已逐年提高至90%以上（数据来源：人力资源和社会保障部，2018），加上其他形式的医疗救助，患者住院基本都能够通过医疗保险报销费用。医疗保险在发挥医疗保障作用的同时，也对医疗机构的诊疗行为进行了监督。医疗保险支付患者住院费会形成医疗保险的付费监督机制，这种机制对减少患者"被住院",以及控制患者住院期间,医疗机构的过度诊疗都具有积极作用。

2.价格规制(Ⅱ)对 Life_exp 的影响

为进一步验证医疗服务价格规制对医疗服务质量的影响,下面将考察住院医疗服务价格规制(Pregu)对新生儿预期寿命(Life_exp)的影响,根据模型(7.16),来验证假设3和假设4。考察变量 $X_{i,t}$ 仍然包括住院病人人均医药费(H_me)、住院病人人均检查费(H_ex)、住院手术费(H_sur)、住院治疗费(H_tre)、病床使用率(Bed_use)和出院者平均住院天数(P_inH)。

表7-8给出的是住院医疗服务价格规制(Pregu)和新生儿预期寿命(Life_exp)的回归结果,(1)列是未加入任何考察变量 $X_{i,t}$ 的回归结果,可以看出医疗服务价格规制(Pregu)对新生儿预期寿命(Life_exp)的影响并不显著,不能认为医疗服务价格规制(Pregu)对新生儿预期寿命(Life_exp)具有影响。但在(2)列和(3)列中,分别加入考察变量住院病人人均医药费(H_me)和住院病人人均检查费(H_ex)后,住院医疗服务价格规制(Pregu)对新生儿预期寿命(Life_exp)的影响却发生了变化。在(2)列中,医疗服务价格规制(Pregu)对新生儿预期寿命(Life_exp)在10%显著性水平下具有负向影响,系数为-0.0005,住院病人人均医药费(H_me)对新生儿预期寿命(Life_exp)在5%显著性水平下具有正向影响,系数为0.005。这表明,对于住院病人的医疗服务价格规制政策降低了新生儿的预期寿命(Life_exp)。

在(3)列中,医疗服务价格规制(Pregu)对新生儿预期寿命(Life_exp)的影响在5%显著性水平下也具有负向影响,系数为-0.001,住院病人人均检查费(H_ex)对成人死亡率(Adul_mor)的影响在1%显著性水平下具有负向影响,系数为0.008。这表明,加入任何考察变量住院病人人均检查费(H_ex)之后,对于住院病人的医疗服务价格规制政策也降低了新生儿的预期寿命(Life_exp)。即相对(1)列而言,考察变量 $X_{i,t}$ 中的住院病人人均医药费(H_me)和住院病人人均检查费(H_ex)实际上构成了一种政策传导机制。这种机制在门诊医疗服

表7-8

住院医疗服务价格规制对 Life_exp 的影响

变量	Life_exp (1)	Life_exp (2)	Life_exp (3)	Life_exp (4)	Life_exp (5)	Life_exp (6)	Life_exp (7)
Pregu	0.0001	-0.0005^*	-0.001^{**}	0.0001	0.0001	4.40E-05	$-6.19\text{E}{-}06$
	0.7709	-2.077	-2.865	0.754	0.8453	0.4251	-0.0353
H_me		0.005^{**}					
		3.056					
H_ex			0.008^{***}				
			3.939				
H_sur				0.0001			
				0.2067			
H_tre					-0.0001		
					-1.0349		
Bed_use						-0.0323^{***}	
						-3.9080	
P_inH							-0.3501
							-1.4284
Per_GDP	$-8.26\text{E}{-}05^{***}$	-0.0001^{***}	-0.0001^{***}	$-8.22\text{E}{-}05^{***}$	$-8.82\text{E}{-}05^{***}$	-0.0001^{***}	$-9.67\text{E}{-}05^{***}$
	-3.9739	-6.1759	-7.0693	-3.7440	-4.1201	-7.2923	-4.3741
Urb_rate	0.3484^{***}	0.4310^{***}	0.4843^{***}	0.3417^{***}	0.3625^{***}	0.5096^{***}	0.3927^{***}
	9.9664	11.530	11.784	6.9681	9.6887	10.852	8.6345
Age_rate	0.0239^*	-0.0063	-0.0207	0.0223	0.0241^*	-0.0232	0.0279^{**}
	(1.9967)	-0.4749	-1.5170	1.5175	2.0217	-1.6205	2.3766
C	59.281^{***}	56.801^{***}	55.713^{***}	59.454^{***}	58.866^{***}	55.767^{***}	61.943^{***}
	44.543	44.563	44.851	36.488	42.487	44.965	27.489
R^2	0.9966	0.9983	0.9987	0.9966	0.9969	0.9987	0.9972
F	736.89	1083.0	1448.5	533.09	593.92	1433.9	651.26
N	15	15	15	15	15	15	15

务价格规制中已经详细阐述了，而住院医疗服务过程中，这种政策规制的传导效应更加明显。在表7-4中，（3）列、（4）列相对（1）列、（2）列，（7）列、（8）列相对（5）列、（6）列，仅有系数和影响程度的变化，而在表7-8中，却发生了方向性的变化。经前文分析已经得知，在医疗服务价格规制的作用下，对于门诊患者的过度诊疗形式主要是多开药和多检查，并没有显著诱导病人住院治疗，而对于住院病人的可能发生的过度诊疗方式主要也是通过多开药和多检查的形式。

不同的是，由于门诊的医疗服务价格规制，可以降低成人死亡率（Adul_mor），并提高新生儿预期寿命（Life_exp），所以可认为门诊的医疗服务价格规制提高了医疗服务质量。但住院医疗服务价格规制（Pregu）却增加了成人死亡率（Adul_mor），并降低了新生儿预期寿命（Life_exp），因此住院的医疗服务价格规制实际上对医疗服务质量产生了负向的消极影响。住院和门诊医疗服务价格规制在医疗服务质量方面所体现的这种显著差异反映了一个问题：医疗服务价格规制导致的门诊医疗服务行为所产生的负面影响，并没有影响患者健康；而住院医疗服务价格规制导致的住院医疗服务行为所产生的负面影响，则会对患者健康产生负面影响。表7-8的（2）列和（3）列结果，相对前文的结果进一步明确了医疗服务价格规制的负面作用，不合理的价格规制方式是不利于医疗服务质量提高的。

在（4）、（5）、（6）、（7）列中，分别加入住院手术费（H_sur）、住院治疗费（H_tre）、病床使用率（Bed_use）以及出院者平均住院天数（P_inH）之后，医疗服务价格规制（Pregu）对新生儿预期寿命（Life_exp）的影响并不显著。此外，表7-8中城市化率（Urb_rate）对新生儿预期寿命（Life_exp）都具有显著的正向影响，表明城市化的发展医疗卫生服务质量也得到显著提高；老龄化（Age_rate）对新生儿预期寿命（Life_exp）的影响仍然不显著；人均国内生产总值（Per_GDP）对新生儿预期寿命（Life_exp）的影响为负，这也是与前文一致的结论。这一违背常理的结果再次表明，中国经济的增长速度，并未推动医疗服务质量获得同等的有效提升。这些结果与前文的实证结果是一致的，表明本书的实证分析结果是稳健的。

7.3 市场准入规制的政策效应与实证分析

7.3.1 指标选择及数据说明

为检验假设 5 和 6，建立如下模型：

$$Adul\_mor_{i,t}=Intergu_{i,t}+X_{i,t}+Per\_GDP_{i,t}+Urb\_rate_{i,t}+Age\_rate_{i,t}+\delta_{i,t} \tag{7.17}$$

$$Life\_exp_{i,t}=Intergu_{i,t}+X_{i,t}+Per\_GDP_{i,t}+Urb\_rate_{i,t}+Age\_rate_{i,t}+\delta_{i,t} \tag{7.18}$$

其中，Intergu 表示医疗服务市场准入规制，对于医疗服务市场准入规制一般是由民营资本的市场进入程度来衡量的。因此，可以选择"民营医院数量占医院的总数量比"作为代理变量进行测度。$X_{i,t}$ 是指其他与医疗服务市场准入规制相关的考察变量，主要包括民营医院卫生人员占比（Ph_per）及民营医院和公立医院资产比（Ph_ar）变量，其他相关定义见表7-9。

表7-9 相关变量的定义说明

变量名称	代码	变量说明
医疗服务质量	Adul_mor	成人死亡率（15～60岁）（每1000人）
	Life_exp	新生儿预期寿命（年）
医疗服务市场准入规制	Intergu	民营医院数量占医院的总数量比（%）
民营医院卫生人员占比	Ph_per	民营医院卫生人员占全社会卫生人员数量比（%）
民营医院和公立医院资产比	Ph_ar	民营医院和公立医院资产比
住院病人人均医药费	H_m	住院病人的人均医药费用支出
门诊病人人均医药费	Pa_fe	门诊病人的人均医药费用支出
人均国内生产总值	Per_GDP	人均国内生产总值（元）
城市化率	Urb_rate	城镇人口比重（%）
老龄化	Age_rate	65岁及以上人口比重（%）
年度变量	Year	样本期为2003—2017年

表 7-10 是检验假设 5 和 6 所需样本的描述性统计情况，医疗服务质量指标仍然通过成人死亡率（Adul_mor）和新生儿的预期寿命

（Life_exp）进行测度；医疗服务市场准入规制（Intergu）的均值为
0.0098，标准差为0.0048，最小值为0.0036，最大值为0.019。仅从数量
上考察民营医院的市场进入程度具有一定的局限性，因此，本书还加入
其他考察变量，分别从规模和资产两方面考察医疗服务价格规制对民营
医院的市场进入程度，以评价医疗服务市场准入规制对医疗服务质量的
影响。在表7-10中，民营医院卫生人员占比（Ph_per）的均值为0.1864，
标准差为0.0159，最小值为0.170，最大值为0.217。民营医院和公立医
院资产比（Ph_ar）的均值为0.1001，标准差为0.032，最小值为0.076，
最大值为0.168。从描述性统计结果就可以看出，无论是民营医院在全社
会医院中的数量比，民营医院可提供医疗服务的能力，还是民营医院的
投资规模都是非常小的，医疗服务的供给是以公立医院为主体的。住院
病人人均医药费（H_m）的均值为6 617.69，标准差为1 950.07，最小值
为3 910.66，最大值为9 735.40；门诊病人人均医药费（Pa_fe）均值为
177.41，标准差为50.09，最小值为108.23，最大值为257.40。因研究需
要，住院病人人均医药费（H_m）和门诊病人人均医药费（Pa_fe）不再
详细划分具体的检查费、药费、治疗费、手术费等项目。

表7-10　　　　　　　　**主要变量的描述性统计**

	观测值	均值	标准差	最小值	最大值
Adul_mor	15	92.29	7.062	80.00	103.00
Life_exp	15	74.959	1.021	73.10	76.40
Intergu	13	0.0098	0.0048	0.0036	0.019
Ph_per	8	0.1864	0.0159	0.170	0.217
Ph_ar	8	0.1001	0.032	0.076	0.168
H_m	15	6 617.69	1 950.07	3 910.66	9 735.40
Pa_fe	15	177.41	50.09	108.23	257.40
Urb_rate	15	49.673	5.827	40.50	58.50
Age_rate	15	10.193	3.461	7.500	17.30
Per_GDP	15	32 458.67	16 072.68	10 666.00	59 201.00

7.3.2 实证分析

1.市场准入规制对医疗服务质量的影响

表7-11是医疗服务市场准入规制对医疗服务质量影响的实证结果，（1）—（3）列是医疗服务市场准入规制（Intergu）对成人死亡率（Adul_mor）的影响结果，（4）—（6）列是医疗服务市场准入规制（Intergu）对新生儿的预期寿命（Life_exp）的影响结果。在列（1）中，医疗服务市场准入规制（Intergu）对成人死亡率（Adul_mor）的影响并不显著，（2）列和（3）列将民营医院卫生人员占比（Ph_per）和民营医院和公立医院资产比（Ph_ar）作为代理变量，考察其对成人死亡率（Adul_mor）的影响，但结果也不显著。所以，并不能否定原假设。在（4）列中，医疗服务市场准入规制（Intergu）对新生儿的预期寿命（Life_exp）在10%显著性水平下就有显著的负向影响，系数为-0.947；（5）列将民营医院卫生人员占比（Ph_per）作为市场准入规制的代理变量，医疗服务市场准入规制对新生儿的预期寿命（Life_exp）在10%显著性水平下就有显著的负向影响，系数为-0.103；在（6）列中，民营医院和公立医院资产比（Ph_ar）作为医疗服务市场准入规制（Intergu）代理变量，医疗服务市场准入规制对新生儿的预期寿命（Life_exp）在5%显著性水平下就有显著的负向影响，系数为-0.044。这表明医疗服务市场准入规制（Intergu）对新生儿的预期寿命（Life_exp）一致显著具有负向影响。由此可知，医疗服务的市场准入规制，对医疗服务质量的提升具有不利的影响。

对医疗服务市场的准入规制，政府实施规制政策的初衷，是为了杜绝各种不合法或不具有行医能力的主体进入医疗服务市场，以免对人民生命及健康造成不利影响。我们不能完全否定这种规制政策的合理性和有效性，至少有很大一部分不具备行医条件的政策规制对象被杜绝行医。但是，政府的对医疗服务市场准入规制政策，也造成了一定的不利后果，部分具有市场进入资格的投资主体也会被政策限制，较难获得市场进入许可，从而造成医疗服务市场的供需失衡和市场内的行政性垄断。缺乏有效竞争的医疗服务市场，对医疗服务质量的提升必然是不利的。

表7-11　　　　市场准入规制对医疗服务质量的影响

变量	医疗服务质量					
	Adul_mor			Life_exp		
	（1）	（2）	（3）	（4）	（5）	（6）
Intergu	−1.298			−0.947*		
	−0.167			−1.580		
Ph_per		−1.589			−0.103*	
		−0.095			−2.380	
Ph_ar			0.815			−0.044**
			0.028			−5.099
Per_GDP	0.368**	58.015	58.80	−0.0139	−0.015	−0.017
	2.865	1.0576	1.000	−1.322	−1.095	−2.337
Urb_rate	−2.253***	−6.027	−6.120	0.004**	0.003*	0.003**
	−4.386	−1.099	−1.047	2.879	2.756	5.614
Age_rate	−0.0013	0.284	0.273	0.000	0.000	0.000
	−0.1780	0.302	0.241	1.209	1.252	2.188
C	9.550***	−212.52	−213.23	4.260***	4.313***	4.312***
	11.397	−0.778	−0.6487	94.45	48.95	95.88
R^2	0.9635	0.936	0.9366	0.9958	0.997	0.999
F	52.879	11.105	11.095	480.60	287.50	913.86
N	13	8	8	13	8	8

对于医疗服务市场竞争程度，我们通过我国在医疗服务市场化改革过程中医疗服务民营化发展的程度，及其对公立医院住院病人人均医药费（H_m）和门诊病人人均医药费（Pa_fe）的影响，即可得到相关结论（见表7-12）。从表7-12可以看出，在列（1）中，民营医院数量占医院总数的比（Ph_N）对公立医院门诊病人人均医药费（Pa_fe）在5%显著性水平下具有显著的影响，系数为−0.5405；在（2）列中，民营医院卫生人员占比（Ph_per）对公立医院门诊病人人均医药费（Pa_fe）在1%显著性水平下具有显著的影响，系数为−0.428；在（3）列中，民营医院和公立医院资产比（Ph_ar）对公立医院门诊病人人均医药费（Pa_fe）在10%显著性水平下具有显著的影响，系数为−0.0929。可见医疗服务市场的民营化发展水平对公立医院门诊医药费的降低是具有积极作用的，民营化水平越高，医疗服务市场的竞争越激烈，公立医院才会有降低成本的激励。在（4）列中，民营医院数量占医院总数量的比（Ph_N）对公

立医院住院病人人均医药费（H_m）在1%显著性水平下具有显著的影响，系数为−0.6943；在（5）列中，民营医院卫生人员占比（Ph_per）对公立医院住院病人人均医药费（H_m）在10%显著性水平下具有显著的影响，系数为−0.3579；在（6）列中，民营医院和公立医院资产比（Ph_ar）对公立医院住院病人人均医药费（H_m）在10%显著性水平下具有显著的影响，系数为−0.0706。可见医疗服务市场的民营化发展水平对公立医院住院医药费的降低也具有积极作用，只有不断减少民营资本进入约束限制，公立医院的医疗服务成本才能有效降低。

表7-12　　　　　　　　民营医院与公立医院医疗服务成本

变量	公立医院人均医药费					
	Pa_fe			H_m		
	（1）	（2）	（3）	（4）	（5）	（6）
Ph_N	−0.5405**			−0.6943***		
	−3.144			−3.8194		
Ph_per		−0.4280***			−0.3579*	
		−6.0506			−3.1114	
Ph_ar			−0.0929*			−0.0706*
			−2.3067			−1.4335
Per_GDP	−0.0156	0.0584	0.0732	0.1657	0.1640	0.1876
	−0.1103	0.5857	0.2886	1.0717	0.9600	0.6869
Urb_rate	0.1085***	0.0517**	0.0474	0.1076***	0.0404*	0.0356
	7.4103	5.3938	2.0116	5.6117	2.6118	1.4581
Age_rate	−0.0038	0.0016	0.0017	0.0001	0.0039	0.0038
	−0.7642	0.8541	0.3510	0.0208	1.3568	0.8230
C	−2.6870	1.1979	1.7743	−1.6817	4.3996**	4.8446*
	−1.1961	2.1574	1.2103	−0.7428	4.3133	2.9618
R^2	0.9978	0.9994	0.9976	0.9974	0.9989	0.9972
F	920.21	1363.7	312.79	782.8118	684.03	272.22
N	13	8	8	13	8	8

2.市场准入规制的影响机制和调节效应

表7-13给出的是医疗服务市场化改革调节医疗服务价格规制与医疗服务质量的回归结果。从结果可以看出，在（1）列中，门诊医疗服务价格规制（PreguⅠ）和市场准入规制（Intergu）的乘积项（Intergu*Pregu）的系数为−0.3567，但在10%显著性水平下并不显著；在（2）列中，住

院医疗服务价格规制（PreguⅡ）和市场准入规制（Intergu）的乘积项（Intergu* Pregu）的系数为-0.2028，且在5%的显著性水平下显著，这说明医疗服务市场准入规制显著负向调节住院医疗服务价格规制（Pregu）和成人死亡率（Adul_mor）之间的关系，即在医疗服务市场准入规制改革过程中，市场准入程度越高，住院医疗服务价格规制对成人死亡率的负向作用越显著；在（3）列中，门诊医疗服务价格规制（PreguⅠ）和市场准入规制（Intergu）的乘积项（Intergu* Pregu）的系数为-0.2037，但在10%显著性水平下并不显著；在（4）列中，住院医疗服务价格规制（PreguⅡ）和市场准入（Intergu）的乘积项（Intergu* Pregu）的系数为0.0056；且在5%显著性水平下显著，这说明医疗服务的市场准入规制显著正向调节住院医疗服务价格规制（Pregu）和新生儿的预期寿命（Life_exp）之间的关系，即在政府医疗服务市场准入规制改革过程中，市场准入程度越高，住院医疗服务价格规制对新生儿的预期寿命（Life_exp）的正向作用就越显著。

表7-13　**市场准入规制调节医疗服务价格规制与医疗服务质量的回归结果**

变 量	医疗服务质量			
	Adul_mor		Life_exp	
	（1）	（2）	（3）	（4）
PreguⅠ	-0.6026* -1.9200		0.0275* 2.2065	
PreguⅡ		-0.0034* -2.0477		0.0001** 2.7334
Intergu*Pregu	-0.3567 -0.0665	-0.2028** -2.4286	-0.2037 -0.9534	0.0056** 3.2795
Per_GDP	0.0020** 2.8128	0.0019** 2.7538	-9.62E-05** -3.351755	-9.21E-05*** -3.8590
Urb_rate	-3.7466** -2.7144	-3.7702** -3.2793	0.3123*** 5.6793	0.3231*** 7.5353
Age_rate	0.3302 0.8283	0.5892 1.1698	0.0038 0.2437	-0.0089 -0.7975
C	265.34*** 4.9294	248.67*** 6.0893	60.202*** 28.064	60.602*** 36.547
R^2	0.9798	0.9761	0.9981	0.9977
F	67.966	57.227	744.09	624.22
N	13	13	13	13

上述结果显示，民营资本的市场准入程度越高，住院医疗服务价格规制对医疗服务质量的正向影响越大。结合前文的分析结论可知，民营资本

的市场准入规制对医疗服务质量的提升具有不利影响，因此，有必要减少不必要的市场准入审批程序，放宽准入范围，提高医疗服务的市场化水平。同时，医疗服务市场化水平的提高，也更有利于医疗服务价格规制对医疗服务质量产生正向调节效果，更有利于医疗服务质量的提升。

7.3.3 稳健性检验

为保证前文的稳健性，本书还做了如下检验：（1）将孕产妇死亡率（Pre_D）作为医疗服务质量的代理变量进行重新测度，并且按照上述模型进行回归，我们发现回归结果并未发生实质性的变化（见表7-14）。（2）由于仅从数量上考察医疗服务市场的民营化程度，具有很大的局限性，而民营医院可能提供更精细化的医疗服务，雇用更多的医务人员，因此将民营医院卫生人员占比（Ph_per）作为医疗服务市场准入规制的代理变量进行重新测度，同样按照上述模型展开回归，结果仍未发生实质性的变化（见表7-15）。（3）为了更好地了解民营资本的市场进入程度，以民营医院和公立医院资产比（Ph_ar）作为医疗服务质量的代理变量进行重新测度，同样按照上述模型展开回归，结果仍未发生实质性的变化（见表7-16）。

表7-14 市场准入规制调节医疗服务的价格规制与孕产妇死亡率的回归结果

变量	Pre_D	Pre_D
Pregu I	0.2139** 2.7548	
Pregu II		0.0063** 3.6821
Intergu* Pregu	4.1997 2.0928	0.1390*** 3.0258
Per_GDP	−0.0002 −0.4088	−0.0004 −0.9655
Urb_rate	−4.0713*** −3.9110	−3.8769*** −4.3985
Age_rate	−0.1833 −0.5495	−0.3694 −1.2502
C	197.33*** 5.1545	191.27*** 5.9008
R^2	0.9944	0.9960
F	249.50	356.31
N	13	13

表7-15　　Ph_per调节医疗服务价格规制与医疗服务质量的回归结果

变量	医疗服务质量			
	Adul_mor		Life_exp	
	（1）	（2）	（3）	（4）
Pregu I	−0.5729*		0.0001*	
	−1.5404		1.977	
Pregu II		−0.0176**		0.0001*
		−2.9938		1.9567
Ph_per*Pregu	−1.3584	−0.0414**	−0.0050	2.16E−05*
	−0.3435	−2.6550	−1.1662	0.0877
Per_GDP	0.0016	0.0028	−7.36E−05	−8.15E−05
	0.6974	1.4996	−2.3278	−1.6955
Urb_rate	2.4846	−0.6502	0.4147	0.3810
	0.2256	−0.0989	2.7028	1.6289
Age_rate	0.5746	1.3342	0.0048	−0.0016
	0.5111	1.2226	0.3408	−0.0934
C	52.655	184.91	56.663	57.653**
	0.1266	0.7116	9.7674	6.5775
R²	0.9506	0.9664	0.9983	0.9985
F	7.7058	11.517	248.17	271.10
N	13	13	13	13

表7-16　　Ph_ar调节医疗服务价格规制与医疗服务质量的回归结果

变　量	医疗服务质量			
	Adul_mor		Life_exp	
	（1）	（2）	（3）	（4）
Pregu I	−0.3920*		−0.0004*	
	−1.6110		−1.5228	
Pregu II		−0.0134*		8.31E−05*
		−1.9450		1.3484
Ph_ar*Pregu	−0.3568	−0.0111*	−0.0042	8.43E−05*
	−0.9261	−1.9478	−3.2285	1.4945
Per_GDP	0.0015	0.0023	−5.92E−05*	−6.25E−05
	0.3466	0.6106	−3.1067	−1.5704
Urb_rate	−1.8061	−3.3145	0.3668*	0.3406
	−0.0844	−0.1838	3.5073	1.5170
Age_rate	0.2976	0.7552	0.0112*	0.0083
	0.1487	0.3793	1.0936	0.5102
C	203.98	271.76	58.556***	59.356**
	0.2521	0.3970	14.999	7.1368
R²	0.9276	0.9378	0.9986	0.9986
F	5.1273	6.0328	287.87	300.96
N	13	13	13	13

7.4　小结

本章进一步考察了医疗服务的经济性规制对医疗服务质量的影响，研究表明：（1）从医疗服务价格规制对门诊医疗服务质量的影响来看，如果不考虑规制可能引起的医疗服务政策规避行为，医疗服务价格规制对医疗服务质量是具有积极影响的，这表明医疗服务价格规制政策是必要且合理的。（2）医疗服务价格规制对门诊医疗服务质量并没有显著的负向作用。医疗服务价格规制受其他规制政策的影响，并没有引起门诊病人人均药费增加，但却导致门诊检查费用的增加，门诊患者就医成本有所增加。这表明"过度诊疗"在门诊医疗服务过程中，更多地体现在不必要的"过度检查"中。（3）政府住院医疗服务价格规制政策对医疗服务质量影响存在传导机制，这种传导机制体现在医疗机构的行为选择中，不合理的价格规制政策会引起医疗机构的住院医疗服务行为产生扭曲现象，并对患者健康产生负面影响。（4）医疗服务的市场准入规制对医疗服务质量的提升具有不利的影响，且医疗服务市场的民营化发展水平对公立医院门诊医药费的降低是具有积极作用的：民营化水平越高，医疗服务市场的竞争越激烈，公立医院才会有降低成本的激励。（5）在医疗服务市场准入规制改革过程中，市场准入程度越高，住院医疗服务价格规制对医疗服务质量的正向作用越显著，即民营资本的市场准入程度越高，住院医疗服务价格规制对医疗服务质量的正向影响越大。

通过上述分析，可以得到以下启示：（1）在中国医疗服务规制改革过程中，需要肯定医疗服务价格规制的必要性。中国医疗卫生服务体制的设计初衷即"病有所医"，这与中国的经济发展水平相关，但中国的医疗保障体系尚未完善，未达到发达国家的高福利水平，还存在大量的低收入群体，过高的医疗服务价格必然会造成居民难以承受的医疗负担。因此，政府实施医疗服务价格规制政策的目的就是解决医疗服务的公平性问题，让所有社会居民能够以较低的价格获得"可及性"的基本医疗保障。这对我国长期以来的居民健康及社会稳定都具有显著的积极意义。（2）由于政府的价格规制政策，医疗服务市场的价格机制出现失灵。医疗机构的行为在政府医疗服务价格规制对医疗服务质量的影响过程中起到中介作用，医疗机构的诊疗行为（包括过度诊疗或消极诊疗）能够通过增加门诊处方量（药品支出或检查费用）来获得自身的收益损失补偿。医疗服务价格规制越严格，医疗机构寻求补偿的动机越强，并最终影响医疗服务价格规制对医疗服务质量的影响。因此，当社会经济水平得到一定程度提高时，政府的医疗服务价格规制方式有必要进一步转变，转变不合理的"低价"规制形式，按市场供需决定医疗服务价格。虽然各省、自治区、直辖市已逐步提高了医疗服务价格，但仍未摆脱传统的规制性思维。失灵的价格规制形式和扭曲的医疗服务行为表明，医疗服务价格规制改革是必要的。（3）从医疗服务价格规制的实际效果来看，住院病人受价格规制所引起的负面效应更强，"看病难"和"看病贵"的现象也更突出。不合理的行政性定价不符合市场规律，医疗服务价格没有与医疗资源相匹配，高水平的医疗服务没有获得应有的市场定价，从而加剧了医疗服务供需的进一步失衡。因此，医疗服务价格规制改革应"正本清源"，在保证基本医疗服务"人人可得"前提下，取消不合理的价格规制，构建市场定价机制，只有这样才能够使过度医疗的问题得到有效解决，并最终实现医疗服务质量的显著提升。（4）中国的医疗服务市场是以公立医院为医疗服务供应主体的，这实际上是政府在供应社会基本医疗服务。严格的医疗服务市场准入规制政策导致部分具有市场进入资格的投资主体被政策限制，较难获得市场进入许可，从而造成医疗服务市场的供需失衡和市场内的行政性垄断。低水平发展的民营医疗服务使医疗服务市场缺乏有效的竞争，对医疗服务质量的提升必然是不利的。因此，降低准入门槛，开放市场，取消不合理的行政审批制度，以法治化手段监督医疗市场行为，对提升全社会医疗服务质量都具有积极意义。（5）医疗服务市场准入规制改革的显著意义，不仅在于医疗服务市场化能有效提升医疗服务质量，更在于医疗服务市场化具有对医疗服务价格规制与医疗服务质量间关系的调节效应，医疗服务市场准入规制改革更有利于医疗服务价格规制作用的发挥。因此，推动医疗服务市场化改革，减少不必要的行政准入和审批程序，既是医疗服务领域"放管服"改革的重要举措，也是医疗卫生体制改革的重要内容。

8　结论、建议与展望

8.1　主要结论

  政府规制是一种政策工具，其核心含义在于指导或调整行为活动，以实现既定的公共政策目标（Selznick，1985）。在规制理论动态发展过程中，一方面，规制被认为可能造成经济、社会生活的过度官僚化，构成竞争和经济增长的主要壁垒，私有化潮流更倡导对公用事业"放松规制"（deregulation）（Ikenberry，1988）；另一方面，相关学者认为市场经济发挥作用的同时，规制不可或缺，公共服务的运行也离不开对规制的监督（Robert Baldwin，2008）。规制理论以经济效率和"市场失灵"为基础，倡导规制的"公共利益"理论，公用事业包括天然气、电力、供水、通信及铁路等企业，由于存在自然垄断特征使其免于有效竞争而成为规制经济学的关注对象（Viscusi et al.，2005；Armstrong et al.，1994；Laffont and Tirole，1993）。在医疗服务市场中，由于医疗服务的特殊性和偏离竞争准则的惯性，容易导致医疗服务市场形成一种集体垄断机制（Arrow，1963），医疗服务市场中的自然垄断性特征导致行业内竞争的低效率。对医疗服务实施规制，是为有效规避医疗服务市场运作风险，实现公共医疗服务公共利益目标而采取的有效政府政策工具（Owen and Braeutigam，1978）。

但医疗服务的经济性规制措施是否能真正有效促进医疗服务效率的提升？医疗服务价格规制是医疗服务市场最常见的经济规制方式。采用医疗服务价格规制可能对控制医疗服务的成本具有一定的作用，但成本的降低是否会导致医疗服务效率的下降？国外的相关研究提供了一定的经验借鉴，但在中国医疗服务价格规制实践中，是否能得出相关价格规制政策的实际效用？同时，欧美高福利水平国家的医疗服务供给具有高度的市场化特征，医疗市场进入更多体现在资本的自由流动和风险投资选择上，政府实行投资进入许可的目的是降低市场垄断和资源浪费，而中国的市场准入规制是建立在市场竞争不充分，且社会需求未有效满足的基础上的，限制了社会资本的进入。那么，中国医疗服务的市场准入规制通过提高准入门槛和准入限制，对医疗服务效率具有怎样的影响？

基于此，本书从医疗服务规制的政策效应视角出发，根据政府规制理论，考察医疗服务经济性规制政策对医疗服务效率的影响，分别以中国国家统计局、国家卫生和计划生育委员会、国家中医药管理局等部门公布的2004—2016年13年的全国各省、自治区、直辖市的面板数据，以及2003—2017年15年的国内时间序列数据为考察样本，把医疗服务的经济性规制分为价格规制和市场准入规制，将医疗服务效率按对社会居民健康的影响分成成人死亡率和新生儿的预期寿命，从医疗服务规制、医疗机构服务行为、医疗服务效率三个层面出发，考察三者之间的逻辑关系和影响机制，采用多元回归分析方法，使用Stata、Eviews和SPSS计量分析软件进行实证检验。本书的研究有如下发现：

（1）医疗服务价格规制对医疗服务效率具有一定程度的影响。在使用2004—2016年13年的全国各省、自治区、直辖市的面板数据，从住院死亡率、孕产妇死亡率、家庭卫生服务次数、次均门诊费用、人均住院自付费用等方面测度了医疗服务效率后，实证结果发现，政府医疗服务价格规制在短期内对医疗服务效率具有一定的积极影响，当期价格规制对住院死亡率、孕产妇死亡率和人均住院自付费用具有负向的影响，对家庭卫生服务次数具有正向影响，表明当期价格规制对医疗服务效率的提升是具有效果的。

但价格规制滞后一期对相关变量的影响却出现非一致性，表明价格规制的正向作用并没有显示出长期的稳健性和一致性。这意味着政府施行某一项产品价格或收益率规制可能会取得短期的效果，但从长期来看，其规制效果并不明显，甚至出现与规制目标截然相反的效果。短期正向作用只表明政策调整具有即时效果，而中国医疗体制改革中长期存在的价格悖论与质量问题仅依靠行政性规制手段并不能得到有效解决。

通过使用2003—2017年共计15年的国内时间序列数据，从成人死亡率和新生儿的预期寿命两方面测度了医疗服务效率后，门诊相关数据的实证结果发现，未加入其他考察变量时，门诊医疗服务价格规制对成人死亡率的回归系数显著为负，在加入了考察变量之后，回归结果的显著性降低了。考察门诊医疗服务价格规制对新生儿预期寿命的影响，未加入其他考察变量时，门诊医疗服务的价格规制对新生儿预期寿命的回归系数显著为正，在加入了考察变量之后，回归结果依然显著，这表明门诊医疗服务价格规制对新生儿预期寿命是有积极影响的。

从前文实证的结果可以看出，门诊病人人均医药费和门诊病人人均检查费的增加反而会增加成人死亡率，这表明在医疗服务过程中，多开药、多检查等过度诊疗行为，对患者的健康是不利的，也会造成患者就医成本的增加；门诊病人人均检查费的增加同样对新生儿预期寿命具有一定的负向影响，这也表明过度的医学检查项目是没有必要且危害健康的。通过住院相关数据的实证结果发现，未加入其他考察变量时，住院医疗服务价格规制和成人死亡率的关系显著为负，表明住院医疗服务价格规制在一定程度上可以降低成人死亡率，但加入考察变量后，住院医疗服务价格规制对成人死亡率的影响显著为正，这表明加入考察变量后，住院医疗服务价格规制在一定程度上提高了成人死亡率。

考察住院医疗服务价格规制对新生儿预期寿命的影响，未加入任何考察变量时，住院医疗服务价格规制对新生儿预期寿命的影响并不显著，但加入考察变量后，住院医疗服务价格规制对新生儿预期寿命的影响却发生变化。住院医疗服务价格规制对新生儿预期寿命存在显著负向影响，这表明住院医疗服务价格规制政策降低了新生儿的预期寿命。

（2）医疗服务市场准入规制对医疗服务效率具有负向的影响。在使用2004—2016年共13年的全国各省、自治区、直辖市的面板数据，研究医疗服务市场准入规制对医疗服务效率的影响之后，研究发现，总体来看，市场准入规制改革对医疗服务效率具有影响，但并没有显示出长期的一致性和稳健性，在中国医疗服务规制改革过程中，规制改革并未取得预期的效果，患者就医成本增加。从医疗服务市场化来看，市场准入规制改革对相关医疗服务效率指标均具有显著影响，且具有长期的一致性和稳定性。但这并没有体现出医疗服务效率的提高或改善，反而增加了医疗成本和负担，并降低了医疗质量。我们可以认为：不必要的市场准入限制最终可能损害患者利益，这也表明我国在医疗服务市场准入规制改革中存在"规制失灵"问题。

在使用2003—2017年共15年的全国时间序列数据，分别以民营医院数量占医院的总数量比、民营医院卫生人员占比、民营医院和公立医院资产比作为医疗服务市场准入规制的代理变量，考察了医疗服务市场准入规制对医疗服务效率的影响，实证结果表明：以民营医院数量占医院的总数量比作为医疗服务市场准入规制的代理变量，其对成人死亡率的影响并不显著；以民营医院卫生人员占比及民营医院和公立医院资产比作为医疗服务市场准入规制的代理变量，其对成人死亡率的影响也并不显著。但以民营医院数量占医院的总数量比、民营医院卫生人员占比、民营医院和公立医院资产比作为医疗服务市场准入规制的代理变量，医疗服务市场准入规制对新生儿的预期寿命具有显著的负向影响。这表明，医疗服务的市场准入规制，对医疗服务效率的提升具有不利的影响。

（3）医疗过程中的诊疗行为对医疗服务价格规制与医疗服务效率的关系具有传导作用。通过医疗服务价格规制对门诊病人人均医药费影响的回归分析，可以看出医疗服务价格规制对门诊病人人均医药费具有负向影响，即对于门诊医疗服务价格的规制政策可以降低门诊病人的医药费。而医疗服务价格规制对门诊病人人均检查费具有正向影响，这表明政府的门诊医疗服务价格的规制政策反而增加了门诊患者的人均检查费。政府对于门诊医疗服务价格规制政策增加了患者的检查费用，降低了药品支出。这种价格规制所引起的医疗行为改变，如过度诊疗行为，实际上是医疗服务价格规制对医疗服务效率影响的一种间接机制。

医疗服务价格规制对门诊病人人均检查费的显著影响，表明在控制医疗成本和患者费用支出的过程中，医疗服务价格规制使医疗机构和医生实际上采取了相应的政策规避措施，即将医疗服务价格规制所带来的收益损失，通过增加门诊检查的方式，进行收益补偿。因此，医疗机构的过度诊疗行为实际上是医疗服务价格规制的政策传导机制中的一种中介效应。医疗机构的诊疗行为（包括过度诊疗或消极诊疗）能够通过增加门诊处方量（药品支出或检查费用）来获得自身的收益损失补偿，医疗服务价格规制越严格，医疗机构寻求补偿的动机越强，并最终影响医疗服务价格规制所期待的医疗服务效率。

（4）医疗服务的市场化程度调节医疗服务价格规制对医疗服务效率的影响。通过具体的实证分析结果可以看出，门诊医疗服务价格规制和市场准入规制的交互项，以及门诊医疗服务价格规制和市场准入规制的交互项，对医疗服务效率的影响均不显著，这表明医疗服务市场化对门诊医疗服务价格规制与医疗服务效率间的关系不存在调节效应。而住院医疗服务价格规制和市场准入的乘积项，对成人死亡率的回归系数显著为负，这说明市场准入规制显著负向调节住院医疗服务价格规制和成人死亡率之间的关系，即在政府医疗服务市场准入规制改革过程中，市场准入程度越高，住院医疗服务价格规制对成人死亡率的负向作用越显著。住院医疗服务价格规制和市场准入规制的乘积项对新生儿预期寿命的回归系数显著为正，这说明市场准入规制显著正向调节住院医疗服务价格规制和新生儿的预期寿命之间的关系，即在政府医疗服务市场准入规制改革过程中，市场准入程度越高，住院医疗服务价格规制对新生儿的预期寿命的正向作用越显著。上述分析表明，民营资本及其他社会资本进入医疗服务市场，其市场准入程度越高，住院医疗服务价格规制对医疗服务效率的正向影响越大。

8.2　研究启示及政策建议

8.2.1　研究启示

本书聚焦于政府医疗服务经济性规制政策对医疗服务效率的影响并进行了实证研究，分别以医疗服务价格规制和市场准入规制作为待考察变量，探讨政府的价格规制政策和市场准入规制政策对居民就医的费用成本及健康水平的影响，并分析其中的政策效应和影响机理，完善了以往关于政府医疗服务规制政策效果的理论研究。在理论研究的基础上，通过考察政府经济性规制政策对医疗服务效率影响机制的理论模型，得出更客观的实证性结论，具有一定的研究启示。

（1）本书的研究结论指出，在不考虑其他外在因素影响，医疗服务价格规制具有即时政策效应。这与行政性政府政策工具具有相同的特征，行政指令的强制性往往在短期内是具有显著效果的。在短期内，医疗服务价格规制可以较快地控制医疗服务成本，增加医疗服务供应量，对门诊医疗服务效率的影响来看，如果不考虑规制可能引起的医疗服务政策规避行为，医疗服务价格规制对医疗服务效率是具有积极影响的。这表明医疗服务价格规制政策是必要且合理的。它丰富了对医疗服务价格规制效果的相关研究，而且对医疗服务价格规制政策存在的合理性及必要性提供了一定的解释作用，这也为在政府医疗服务价格规制情境中，如何界定规制的范围及边界，如何更有效地规制开辟了一个新的理论视角。

（2）本书的研究发现，医疗服务价格规制对医疗服务效率相关指标的短期影响和长期效应并不一致。在短期内，价格规制对患者医疗服务费用支出具有即时抑制效果，但从长期效应看，价格规制反而可能会增加患者医疗服务费用支出。这为以往政府医疗服务价格规制政策的有效性提供了合理的验证，也为行政性工具在医疗改革过程中的合理运用开辟了一个新的理论视角。

（3）本书的研究发现，医疗服务价格规制政策并没有引起门诊病人人均药费增加，但却导致门诊检查费用的增加，门诊患者就医成本有所增加；医疗服务价格规制政策增加了住院检查费用和住院病人人均药费；但其他的项目支出，如治疗费、挂号费、手术费等项目支出并未显著增加；这表明"过度诊疗"在门诊医疗服务过程中更多地体现在不必要的"过度检查"中；"过度诊疗"在住院医疗服务过程中是通过不必要的药物和检查实现的。这为考察"过度诊疗"的发生机制及医疗服务主体的逐利行为，控制医疗成本的不合理增长的研究提供了新的基础。

（4）本书的研究发现，政府医疗服务价格规制政策对医疗服务效率影响存在传导机制。医疗服务的供给主体包括医院及其他医疗机构，政府通过医疗服务价格规制政策抑制医疗服务费用的过快增长而引起医疗服务行为的改变。这种传导机制体现在医疗机构的行为选择中，医疗机构可能会减少医疗服务供应、增加非规制项目使用，或增加更多非必要的医疗服务项目。不合理的价格规制政策，会引起医疗机构的住院医疗服务行为产生行为扭曲现象，并对患者健康产生负面影响。这为客观分析政府-医院-患者间的关系，剖析医患矛盾的产生根源提供了一个新的研究视角。

（5）本书指出，政府实施医疗服务市场准入规制对医疗服务效率也不具有长期有效的积极影响。市场准入规制政策的主要目的，是通过行政性规章或制度，让符合行医条件和具有服务供给能力的主体进入医疗服务市场。但从实际情况来看，医疗服务的市场准入规制不仅没有增加社会医疗服务供给，也没有有效提升医疗服务效率，反而成为某些部门进行寻租的工具，抑制了医疗市场的竞争性和活力。这说明我国现有的医疗服务市场准入规制政策，在制定和实施过程中存在目标偏差和规制失灵现象，这为政府医疗服务供给的市场化改革提供了新的方向。

（6）本书的研究进一步发现，医疗服务的市场准入规制对医疗服务效率提升具有消极影响。医疗服务市场的民营化发展水平对公立医院门诊医药费的降低是具有积极作用的，民营化水平越高，医疗服务市场的竞争越激烈，公立医院才会有降低成本的激励。我国医疗服务领域的民营化水平较低：一方面，民营医疗机构难以对具有垄断地位的公立医院产生实质性的竞争威胁；另一方面，现有的民营医疗机构往往依附于具有专家地位的公立医院，并且和公立医院形成具有各种复杂利益联系的攻守同盟。这是对医疗服务市场化改革的"不成功"的一种解释，也为未来医疗服务体制改革提供了一个新的思路。

（7）本书的研究结论认为，医疗服务市场准入规制对调节价格规制政策和医疗服务效率之间关系具有影响效应。这种调节效应在患者住院接受医疗服务过程中作用更加明显。在政府医疗服务市场准入规制改革过程中，市场准入程度越高，住院医疗服务价格规制对医疗服务效率的正向作用越显著，即民营资本的市场准入程度越高，住院医疗服务价格规制对医疗服务效率的正向影响越大。这既体现了政府实施医疗服务市场准入规制改革的必要性——通过进一步放松市场准入规制，提高医疗服务市场化水平，也反映了合理且科学的医疗服务市场化水平对优化医疗服务市场资源配置、提升医疗服务效率具有显著意义。这为研究医疗服务多元供给和医疗卫生体制改革提供了有力的实证基础。

8.2.2　政策建议

结合上述研究结论和研究启示，本书的研究也为政府及规制政策制定者提供了相应的政策建议。

（1）对于医疗服务价格规制政策，更为有效的价格规制政策的制定与实施，以实现政策效用最大化的目标，需要从以下几个方面入手：

首先，从医疗服务的规制项目入手。综合医疗服务项目种类繁多，主要包括一般医疗服务、一般检查治疗等。在这些项目中，除磁卡工本费外，几乎所有的医疗服务项目都具有医务人员的劳务服务性质。政府医疗服务价格规制就是对医疗机构的医疗技术性劳务服务，由地方物价部门按类别设置固定价格。其中最常见的就是门诊挂号费，门诊挂号费实际上就已经包含了门诊诊查，是由专业医务人员提供（技术劳务）的诊疗服务。较低价格的门诊挂号费就是要求专业医务工作者，以低酬劳提供高技术性的医疗服务，这必然会影响医务人员的工作积极性，也很难让医生"体面"地提供高质量的医疗服务。因此，在不过多增加社会医疗负担的基础上，应对不同的医疗服务项目实施更科学合理的价格规制政策，部分医疗服务项目应实施更严的价格规制，部分服务项目应减少价格规制。在推行"分级诊疗"的过程中，基层首诊可施行低价乃至免费诊察，非基层医院首诊实行高定价策略；多床位病房床位费及护理费施行平价策略，单人病房床位费及护理费采用阶梯加价策略。类似这种差别式价格规制政策，既能体现市场供求关系以经济杠杆为手段，引导和调节供需平衡，也能够通过价格机制配置医疗卫生资源，调整市场资源分配结构，构建有序的医疗服务供应体系。

其次，政府医疗服务价格规制应体现医务人员劳动力的价值。医疗产品具有显著的高附加值的科技含量特征，专业医护人员更是经历多年技术培训，医务人力成本定价应体现劳动价值。但政府不合理的价格规制却使其劳务收入远低于成本价格，医务人员劳动力的低劳务收益很难保证其具有提供高质量医疗服务的激励。因此，有必要充分尊重医务人员劳动力的价值，减少政府单一价格规制政策，建立符合成本-收益规律、公平合理的医务市场工资制度。

同时，有必要改变医疗服务的价格结构异化现象。政府医疗价格规制对卫生行业产品、服务价格实施行政指导价和最高限价，而其成本性支出是市场性价格支出，这就造成医疗卫生行业价格规制的内外结构矛盾：收支价格机制的异化。公立医院作为卫生行业的核心部门，为实现其公益属性，通过政府价格规制，其业务收入为公益性价格收入，但其业务成本实际上是市场性价格支出。这种异化的收支结构导致公立医院收支的不平衡，在财政补偿和经费拨给不足情况下，自负盈亏的公立医院维持正常运转存在一定困难。公立医院为维持基本的收支平衡往往对政府的价格规制政策采取各种形式的规避，降低成本与提高收益压力下的必然后果是社会医疗费用增长，医疗服务效率下降。

最后，推进医疗服务机构改革。我国公立医院在产权及行政隶属关系等方面表现出一定的特殊性，医疗服务规制改革应着力于破除医院内部人控制，加强医院内部管理，通过第三方监管和社会监督，规范诊疗用药标准，设置医师声誉档案，建立标准化处方信息，以科学方式规范医疗机构行为，提高医疗服务水平，改善医疗服务效率。同时，还需要以市场化促进规制改革。社会的基本医疗服务具有公益性，提供准公共产品，医疗市场是市场经济中的构成部分，竞争和效率是其显著特征。

因此，完善市场调节机制，政府应发挥法律的规范和市场监督作用，减少直接的行政性规制，建立公平合理的医疗服务价格体系。

（2）对于医疗服务市场准入规制政策，为改变医疗服务市场化改革中存在的"规制失灵"问题，改善医疗服务供给，提高医疗服务效率，需要从以下几个方面入手：

首先，需重新认识医疗服务"市场化"改革的实际内涵。"市场化"并非"私有化"，也不意味着政府责任的减少。相反，市场化对政府规制具有更高的要求。政府医疗服务市场准入规制改革，应以基本公共医疗服务公益性为基本目标，构建多元化供给模式的医疗服务体系。在不影响服务质量前提下，合理控制医疗成本，降低患者就医负担，提升民众满意度。

其次，重新构建中国医疗卫生体制的改革路径。过往的各种地方医改经验，为当前，乃至未来医疗服务的市场化改革提供了实践基础。医疗卫生体制改革应遵循医疗服务公益性原则，加大政府投入并放松投资准入规制，鼓励外资及其他社会资本进入医疗服务市场，并赋予不同资本背景的医疗机构同等待遇，减少进入壁垒的制度障碍，形成竞争性市场格局，提高医疗服务行业整体效率。同时，完善社会性规制措施和法律政策，在增加医疗服务供应主体的同时，强化社会监督，实行市场化运作与社会化监督相结合，保障医疗资源的充分利用和医疗服务的效率提高。

具体来说，在以公立医院为医疗服务供应主体的中国医疗服务市场中，严格的市场准入规制政策导致了医疗资源的过度集中和服务垄断，其他的潜在进入者很难获得市场准入许可，从而造成医疗服务市场的供需失衡和市场内的行政性垄断，使医疗服务市场缺乏有效的竞争，这对医疗服务效率的提升必然是不利的。而医疗服务市场化改革的显著意义，不仅在于医疗服务市场化能有效提升医疗服务效率，更在于医疗服务市场化改革更有利于医疗服务价格规制作用的发挥。因此，推动医疗服务市场化改革，减少不必要的行政准入审批，以法治化手段监督医疗市场行为，既是医疗服务领域"放管服"改革的重要举措，也是医疗卫生体制改革的重要内容，对提升全社会医疗服务效率都具有积极意义。

（3）政府医疗服务的经济性规制政策往往并不是孤立存在的，其作用的有效发挥更需要其他政策的有效配合，为进一步推进医疗卫生体制改革构建完善的医疗服务保障体系，需从以下几个方面着手：

首先，医疗服务的经济性规制作为政府医疗服务治理的基本工具，还需要配合法律规制等政策工具的合理使用，才能够有效发挥调节作用。通过制定相应的法律、法规，并严格执行、规范医疗市场中各主体的行为方式，可以保证医疗服务过程中的规范、公开、透明，为医疗安全和医疗质量提供法律保障，进而从根源上帮助解决医患信任危机和医患纠纷。

其次，有效推动医疗保险支付方式改革，医保支付方式改革的目的不仅在于医保"控费"，其更显著的作用是充分发挥医保的信息监督作用，通过推动医疗保险支付方式改革，以有效提升医疗服务供给效率为切入点，通过"三医联动"，破除"以药养医""过度诊疗"，减少医疗服务过程中的资源浪费，使得医疗服务市场资源得到良性循环，优化资源配置。

最后，以推动分级诊疗制度建设为契机，引导医疗资源向基层下沉流动，促进基本医疗服务的公平性和可及性，更需要有效发挥智慧医疗、互联网医疗、远程医疗等新型信息化技术的使用。通过运用新一代网络信息技术，如物联网、人工智能、云计算、大数据等，能从技术和机制上突破传统医疗服务的局限，在与传统医疗服务方式相融合的基础上，形成一种全新且"精准"的医疗服务体制。

8.3 研究局限和未来展望

（1）政府医疗服务的经济性规制主要包括价格规制、市场准入控制、服务标准及质量规定等，由于研究的可及性，本书仅探讨了医疗服务价格规制、市场准入规制与医疗费用控制、医疗服务效率、医疗质量的关系，而未考察其他规制方式的影响。同时，由于数据的限制，导致实证研究中存在样本量较小及指标选择等问题，所以研究存在技术"疏漏"在所难免。在未来的研究中，若有更多可得数据，可以增加考察样本，弥补此研究中的不足之处。

（2）关于医疗服务规制改革及政策效应的实证研究国内并不多见，本书也只是从这一视角出发，在理论层面展开基础性的探索，并利用相关数据进行实证分析。受限于数据的可得性，本书的实证分析仍存在一些不足之处，部分研究尚未形成成熟的理论体系，对其中更多复杂关系的分析尚不完善，这些可能还需要在未来的研究中进一步深入探讨。

（3）关于医疗服务价格规制的研究，国内已有部分综述性研究和规范研究，本书在现有研究成果基础上进一步通过具体的实证分析，考察医疗价格规制对医疗费用、医疗服务效率、医疗质量的实际效用，但难免存在疏漏之处，未来会进一步完善和深化对此问题的研究。

参考文献

[1] 费尔德斯坦. 卫生保健经济学 [M]. 费朝晖, 等, 译. 北京: 经济科学出版社, 1998.

[2] 《当代中国的卫生事业》编写组. 当代中国的卫生事业 (下) [M]. 北京: 人民卫生出版社, 1984.

[3] 安春燕. 医疗保险的产品属性及其政府定位 [D]. 北京: 首都经济贸易大学, 2013.

[4] 白竹兰, 等. 政府价格决策科学化机制研究 [J]. 价格理论与实践, 2015 (2): 42-45.

[5] 包胜勇. 药费为什么这么高——当前我国城市药品流通的社会学分析, 北京: 社会科学文献出版社, 2008.

[6] 鲍震宇. 医疗保险预付制改革可以控制我国医疗费用的上涨吗?——基于 PSM 模型及 CHARLS 数据的实证分析 [J]. 中国卫生政策研究, 2017, 10 (9): 22-31.

[7] 卞鹰. 医院成本监控及其在医院经济管理中的作用 [J]. 中国卫生事业管理, 2002 (1): 15-17.

[8] 蔡江南, 胡苏云, 黄丞, 等. 社会市场合作模式: 中国医疗卫生体制改革的新思路 [J]. 世界经济文汇, 2007 (1): 1-9.

[9] 蔡江南. 医改: 美国难在方案制定, 中国难在方案执行 [J]. 中国经济周

刊，2013（12）：19.

[10] 蔡立辉. 分层次、多元化、竞争式：我国医疗卫生服务的公共管理改革 [J]. 中国人民大学学报，2010（1）：92-100.

[11] 蔡长昆. 制度环境、制度绩效与公共服务市场化：一个分析框架 [J]. 管理世界，2016（4）：52-69.

[12] 曹海东，傅剑锋. 中国医改20年 [N]. 南方周末，2005-08-04（12）.

[13] 陈峰. 我国医疗服务价格规制研究 [D]. 南京：南京中医药大学，2011.

[14] 陈金甫. 坚持经济优先，保障适度方针 [J]. 中国医疗保险，2015（3）：16-18.

[15] 陈秋霖. 医疗卫生公共筹资对健康产出的影响：跨国面板数据证据 [J]. 劳动经济研究，2014（2）：117-141.

[16] 陈天祥，方敏. 公共卫生支出、健康结果与卫生投入政策——基于189个国家和地区的面板门槛分析（1995—2011年）[J]. 浙江大学学报（人文社会科学版），2016，46（1）：91-107.

[17] 陈钊，刘晓峰，汪汇. 服务价格市场化：中国医疗卫生体制改革的未尽之路 [J]. 管理世界，2008（8）：52-58.

[18] 程梓瑶. 完善我国农村三级医疗卫生服务体系研究 [D]. 合肥：安徽财经大学，2017.

[19] 褚淑贞. 医药产业市场进入退出分析及对策研究 [J]. 经济师，2004（6）：43-44.

[20] 代英姿. 医疗产品和服务的价格及其规制 [J]. 价格理论与实践，2004（9）：33-34.

[21] 邓国营，窦晨彬，龚勤林. 医疗机构性质、医疗费用与服务质量 [J]. 经济评论，2013（1）：120-129.

[22] 方福祥. 医疗服务价格改革机制和路径探析 [J]. 卫生经济研究，2018，（8）：23-26.

[23] 房莉杰. 中国新医改十年：从社会维度加以观察 [J]. 文化纵横，2018（5）：119-127.

[24] 费太安. 我国医疗服务提供中政府与市场关系：理论与实践走向 [J]. 财政研究，2013（7）：52-56.

[25] 封进，宋铮. 中国农村医疗保障制度：一项基于异质性个体决策行为的理论研究 [J]. 经济学（季刊），2007，6（3）：841-858.

[26] 付晓光，汪早立，张西凡，等. 新农合与城镇居民医疗保险制度相衔接问题的讨论 [J]. 中国农村卫生事业管理，2008（3）.

[27] 高春亮，毛丰付，余晖. 激励机制财政负担与中国医疗保障制度演变——

基于建国后医疗制度相关文件的解读［J］. 管理世界，2009（4）：66-74.

［28］ 高梦滔. 北京市医疗保险基金运行的现状、问题与展望［J］. 卫生经济研究，2005（7）：11-16.

［29］ 葛延风，贡森.中国医改：问题、根源、出路［M］. 北京：中国发展出版社，2007.

［30］ 顾昕. 全球性医疗体制改革的大趋势［J］. 中国社会科学，2005（6）：121-128.

［31］ 顾昕.走向有管理的市场化：中国医疗体制改革的战略性选择［J］. 经济社会体制比较，2005（6）.

［32］ 郭蕾，肖有智. 政府规制改革是否增进了社会公共福利——来自中国省际城市水务产业动态面板数据的经验证据［J］. 管理世界，2016（8）：73-85.

［33］ 韩蕾. 深入推进医疗服务规制改革的对策建议［C］//沈阳科学学术年会暨中国汽车产业集聚区发展与合作论坛. 2014.

［34］ 何文炯，杨一心. 医疗保障治理与健康中国建设［J］. 公共管理学报，2017（2）：137-143，164.

［35］ 侯志远. 新型农村合作医疗福利效应研究［D］. 济南：山东大学，2012.

［36］ 黄涛，颜涛. 医疗信任商品的信号博弈分析［J］. 经济研究，2009（8）：125-134.

［37］ 贾洪波. 中国基本医疗保险适度缴费率研究［M］. 长春：吉林大学出版社，2009.

［38］ 蒋建华. 竞争对医疗费用和医疗质量的影响——基于广东省数据的实证研究［J］. 经济与管理研究，2015，36（3）：88-96.

［39］ 蒋天文，樊志宏. 中国医疗系统的行为扭曲机理与过程分析［J］. 经济研究，2002（11）：71-80.

［40］ 解垩.与收入相关的健康及医疗服务利用不平等研究［J］. 经济研究，2009（2）：92-105.

［41］ 金春林，陈卓蕾，贺黎明，等. 上海市实施医疗机构药品零差率与相关补偿政策研究［J］. 中国卫生政策研究，2010，3（10）：23-28.

［42］ 斯科特. 规制、治理与法律：前沿问题研究［M］. 安永康，等，译. 北京：清华大学出版社，2018.

［43］ 寇宗来."以药养医"与"看病贵、看病难"［J］. 世界经济，2010（1）：49-68.

［44］ 雷海潮，胡善联，李刚. CT检查中的过度使用研究［J］. 中国卫生经济，2002，21（10）：23-26.

[45]　李桂珍．我国医疗服务市场政府规制研究 [D]．呼和浩特：内蒙古大学，2009．

[46]　李欢．医疗服务市场中的规制与竞争研究 [D]．杭州：浙江大学，2013．

[47]　李丽．我国医疗服务价格规制的理论与实证分析 [D]．济南：山东大学，2007．

[48]　李玲，陈秋霖．理性评估中国医改三年成效 [J]．卫生经济研究，2012（5）：7-12．

[49]　李玲，江宇．关于公立医院改革的几个问题 [J]．国家行政学院学报，2010（4）：107-110．

[50]　李玲，江宇．医改实践为全面深化改革探索道路 [J]．湖南师范大学社会科学学报，2014（3）：103-108．

[51]　李玲．中国应采用政府主导型的医疗体制 [J]．中国与世界观察，2005（1）．

[52]　李卫平．公立医院的体制改革与治理 [J]．江苏社会科学，2006（5）：72-77．

[53]　李晓阳．我国医疗服务市场规制研究 [D]．哈尔滨：哈尔滨工业大学，2010．

[54]　廖宇航．基于医院、患者、政府三方博弈模型的医疗费用控制研究 [J]．重庆医学，2015（9）：1277-1279．

[55]　林浩．美国政府规制与医疗市场效率 [J]．国外医学卫生经济分册，2006（23）：136-138．

[56]　刘军强，刘凯，曾益．医疗费用持续增长机制——基于历史数据和田野资料的分析 [J]．中国社会科学，2015（8）：104-125．

[57]　刘君，何梦乔．价格规制下医疗市场竞争的福利效应分析 [J]．上海交通大学学报，2010，44（12）：1693-1696，1703．

[58]　刘君，何梦乔．我国医疗服务价格调整政策的福利效应评价：基于我国省市 2002—2007年的面板数据分析 [J]．软科学，2010.（5）：6-10．

[59]　刘西国，刘毅，王健．医疗费用上涨诱发因素及费用规制的新思考——基于1998—2010年数据的实证分析 [J]．经济经纬，2012（5）：142-146．

[60]　刘小鲁．规制市场结构与中国医药分离的改革绩效 [J]．世界经济，2011（12）：53-75．

[61]　卢玮．我国传统医疗服务质量评价方法的管理理论分析 [J]．武汉大学学报（哲学社会科学版），2007，60（3）：423-427．

[62]　鲁志鸿，孟庆跃，王颖．新医改前后中国基层卫生人力资源配置公平性分析 [J]．中国公共卫生，2017，33（7）：1086-1088．

[63]　马本江．基于委托代理理论的医患交易契约设计 [J]．经济研究，2007

（12）：72-81.

[64] 马维胜.医疗改革的核心问题和未来出路［J］.中国工业经济，2006，（4）：14-22.

[65] 马蔚姝.医疗保险费用控制的制衡机制研究［D］.天津：天津大学，2010.

[66] 马晓静，陈瑶，鲁丽静.河南省新农合住院服务利用及公平性分析［J］.中国卫生政策研究，2013，6（6）：23-28.

[67] 孟庆跃.医疗保险支付方式改革对费用控制的影响分析［J］.卫生经济研究，2002（9）：18-21.

[68] 娜拉，毕力夫.我国医疗保障中公平与效率的平衡机制研究［J］.科学管理研究，2009，27（3）：25-29.

[69] 庞瑞芝，高贤泽，邓忠奇.公立医院"三重垄断"与医疗行业效率：基于我国省际面板数据的研究［J］.当代经济科学，2018（1）：1-12，124.

[70] 彭宅文，岳经纶.新医改、医疗费用风险保护与居民获得感：政策设计与机制竞争［J］.广东社会科学，2018（4）：182-192，256.

[71] 曲振涛，杨恺钧.规制经济学［M］.上海：复旦大学出版社，2006.

[72] 申笑颜，栾福茂.医疗服务价格规制研究述评［J］.医学与哲学（人文社会医学版），2011（1）：56-58.

[73] 沈荣生.公立医院改革药品零差率后对药品使用的影响［J］.中国医院，2013（1）.

[74] 石磊.医疗产业进入壁垒、进入规制与竞争机的建立［D］.济南：山东大学，2008.

[75] 斯科特.规制、治理与法律：前沿问题研究［M］.安永康，等，译.北京：清华大学出版社，2018.

[76] 宋华琳.建构良好的医疗服务规制框架（一）［J］.中国处方药，2009（2）：54-55.

[77] 孙敏.价格规制下混合寡占市场的质量与福利研究：以医疗服务市场为例［J］.武汉理工大学学报（社会科学版），2014（6）：1051-1059.

[78] 田立启，修海清，陈长忠，等.现行药品加成政策对医药费用的影响研究［J］.经济师，2011，274（12）：32-33.

[79] 佟珺.政府规制与医疗卫生服务供给的有效性：基于中国医疗体制改革的研究［D］.上海：复旦大学，2009.

[80] 汪丁丁.医生收入的市场化，是医疗改革的当前急务［EB/OL］.（2005-10-20）.http：//news.xinhuanet.com/fortune/2005-10/20/content_3647793.html.

[81] 王保真，徐宁，孙菊.统筹城乡医疗保障的实质及发展趋势［J］.中国卫生政策研究，2009，2（8）：32-35.

[82] 王春晓."三明医改"评估：卫生治理框架的分析［J］.甘肃行政学院学报，2018（1）：33-46，126.

[83] 王德平.荷兰英国医疗保障模式对我国统筹城乡医疗保险的启示［J］.四川劳动保障，2011（9）.

[84] 王德平.统筹城乡八年医保路［J］.中国劳动保障，2008（9）.

[85] 王同海.吉林省省直医疗保险付费制度现状与改进对策研究［D］.长春：吉林大学，2012.

[86] 王晓玲.医疗服务产业准入规制及成效探析［J］.求索，2009（11）：34-36.

[87] 王晓玲.医疗市场规制体系构建及应用研究［D］.武汉：武汉大学，2010.

[88] 乌日图.医疗保险制度改革的回顾和展望［J］.中国医疗保险，2014（6）：14-17.

[89] 吴爱平.保险人群医疗服务利用公平性研究南通市职工医疗保险实证［D］.上海：复旦大学，2004.

[90] 吴建文，沈莉，乔延清.药价虚高博弈分析［J］.中国工业经济，2006（7）：80-85.

[91] 吴联灿，申曙光.我国新型农村合作医疗制度运行状况评估——基于公平和效率的视角［J］.西南大学学报，2011，37（2）：96-100.

[92] 吴炜.社会医疗保险公平与效率的内在统一［J］.中国卫生事业管理，2006（5）：282-283.

[93] 肖南梓.基本医疗保险制度下农村高血压及糖尿病患者疾病经济风险的实证研究［D］.重庆：重庆医科大学，2016.

[94] 肖兴志，韩超.规制改革是否促进了中国城市水务产业发展？——基于中国省际面板数据的分析［J］.管理世界，2011，209（2）：70-80.

[95] 谢子远等.第三方购买：医疗服务市场化改革的路径选择及其经济学分析［J］.中国工业经济，2005，（11）：51-58.

[96] 熊先军.社保和商保经办的优势比较［J］.中国医疗保险，2013（10）：27-28.

[97] 熊烨.政策工具视角下的医疗卫生体制改革：回顾与前瞻——基于1978—2015年医疗卫生政策的文本分析［J］.社会保障研究，2016（3）：51-60.

[98] 徐江南.非公平规避性质探究：福利、选择和一致性［M］.罗淑锦，译.北京：中信出版社，2003.

[99]　杨畅，庞瑞芝．契约环境、融资约束与"信号弱化"效应：基于中国制造业企业的实证研究［J］．管理世界，2017，（4）：60-69．

[100]　杨敬．开启公立医院改革的破冰之旅——浙江省开展县级公立医院综合改革探索和思考［J］．卫生经济研究，2012（5）：3-7．

[101]　杨敏，李彬，袁神．医疗行业价格规制的困境与出路［J］．学术论坛，2013（11）：89-92．

[102]　于春富，牟蔚平．陕西省县级公立医院改革的做法与启示［J］．中国卫生政策研究，2012，5（8）：30-33．

[103]　俞卫，许岩．公立医院财政补助制度失灵的原因及改进建议［J］．中国卫生政策研究，2013（9）：29-35．

[104]　岳经纶，王春晓．堵还是疏：公立医院逐利机制之破除——基于广东省县级公立医院实施药品零差率效果分析［J］．武汉大学学报（哲学社会科学版）2016，（2）：29-38．

[105]　张二华，李春琦，吴跃进．医疗保险、医院寡头与医疗服务价格扭曲［J］．财贸经济，2010（10）：100-105．

[106]　张恒龙．从乡镇卫生院改制看政府微观经济规制职能［J］．中国卫生经济，2003，（5）：29-31．

[107]　张丽青，陈颖，徐延成，等．修武县级公立医院改革的成效及思考［J］．中国卫生事业管理，2012，29（11）：807-808．

[108]　张睿，马勇亮，陈婕．县级公立医院试点改革政策效果的实证研究——基于河南省数据的双重差分模型检验［J］．经济经纬，2015，32（6）：120-125．

[109]　张旭昆．医疗体制改革不可偏颇的两个方向——市场竞争与政府资助［J］．经济学家，2009（7）：44-49．

[110]　张殷然，段利忠，殷丽丽，等．我国医疗服务定价方式改革策略研究［J］．卫生软科学，2018，32（8）：22-25．

[111]　赵棣．医疗保险与社会保障——中国公立医院的改革之路［M］．北京：科学出版社，2016，6．

[112]　赵建国，李自炜．政府医疗服务价格管制是否提升了公共福利——基于中国省际动态面板数据的实证研究［J］．财贸研究，2019，30（7）：53-62．

[113]　赵云．公立医院体制机制与医疗保险付费方式适配性研究［M］．北京：经济科学出版社，2014．

[114]　郑秉文．中国社保经办服务体系亟需深化改革［N］．上海证券报，2013-12-27（3）．

[115]　郑秉文．中国社会保障制度60年：成就与教训［J］．中国人口科学，2009（10）．

[116] 郑大喜. 市场机制和政府调节在卫生服务领域的功能与角色定位 [J]. 中国卫生经济, 2006, (1): 18-21.

[117] 郑功成. 关于人口老龄化与社会保障关系的几点看法 [J]. 人口与经济, 2001 (1) 71-72.

[118] 郑功成. 中国社会保障改革与发展战略: 医疗保障卷 [M]. 北京: 人民出版社, 2011.

[119] 周绿林, 豆月. 农村医疗卫生服务体系协同机制构建研究 [J]. 中国农村卫生事业管理, 2017, 37 (10): 1155-1158.

[120] 周小梅. 规制与竞争对提高医疗行业运营效率的作用——以发达国家为例 [J]. 价格理论与实践, 2008 (8): 72-73.

[121] 周小梅. 论医疗服务行业的规制政策体系 [J]. 经济体制改革, 2006 (5): 134-137.

[122] 朱恒鹏. 14 道管制下医药费为什么越"管"越贵? [J]. 中国经济周刊, 2011 (25): 19-21.

[123] 朱恒鹏. 规制的内生性及其后果: 以医药价格规制为例 [J]. 世界经济, 2011 (7): 64-90.

[124] 朱恒鹏. 医疗体制弊端与药品定价扭曲 [J]. 中国社会科学, 2007 (4): 89-103.

[125] 朱恒鹏. 新建国家医疗保障局将有效保障"病有所依" [J]. 紫光阁, 2018 (5): 38-39.

[126] 朱孟晓, 胡小玲. 医疗服务行业的市场治理和规制研究 [J]. 经济体制改革, 2009 (1): 168-172.

[127] ANDRITSOS D A, TANG C S. Introducing competition in healthcare services: the role of private care and increased patient mobility [J]. European Journal of Operational Research, 2014, 23 (4): 898-909.

[128] ANTEL J J, OHSFELDT R L, BECKER E R. State Regulation and Hospital Costs [J]. Review of Economics & Statistics, 1995, 77 (3): 416-422.

[129] ARROW K J. Uncertainty and the welfare economics of medical care [J]. American Economic Review, 1963, 53: 941-973.

[130] PETERS B G, FRANS K M, NISPEN V, et al. Public policy instrument [M]. Northampton: Edward Elgaar Publishing Inc., 1988.

[131] BALK B M, FARE R, GROSSKOPF S, et al. Exact relations between Luenberger productivity indicators and Malmquist productivity indexes [J]. Economic Theory, 2008, 35 (1): 187-190.

[132] BAMEZAI A, ZWANZIGER J, MELNICK G A, et al. Price competition

and hospital cost growth in the United States (1989—1994) [J]. Health Economics, 1999 (8): 233-243.

[133] BAUMOL W J, PANZAR J C, WILLIG R D. Contestable markets and the theory of industry structure [M]. Harcourt Brace Jovanovich, 1982.

[134] BECH M, Christiansen T, Khoman E, et al.Ageing and health care expenditure in EU-15 [J]. The European Journal of Health Economics, 2011, 12 (5): 469-478.

[135] BILES B, SCHRAMM C J, ATKINSON J G. Hospital cost inflation under state rate-setting programs. [J]. 1980, 303 (12): 664-668.

[136] BLOOM N, PROPPER C, SEILER S, et al. The impact of competition on management quality: evidence from public hospitals [J]. Social Science Electronic Publishing, 2013, 82 (2): 457-489.

[137] BREKKE K R, CELLINI R, SICILIANI L, et al. Competition and quality in health care markets: a differential-game approach [J]. Journal of Health Economics, 2010, 29 (4): 508-523.

[138] CHAPPELL W F, KIMENYI M S, MAYER W J. A poisson probability model of entry and market structure with an application to U. S. industries during 1972-77 [J]. Southern Economic Journal, 1990, 56 (4): 918-927.

[139] CLEMENTS B J. The challenge of public pension reform in advanced and emerging market economies [M]. Washington: International Monetary Fund, 2013.

[140] CONOVER C J, SLOAN F A. Does removing certificate-of-need regulations lead to a surge in health care spending? [J]. Health Polit Policy Law, 1998, 23 (3): 455-481.

[141] DAVIDSON G, MOSCOVICE I, REMUS D.Hospital size, uncertainty, and pay for performance [J]. Health Care Financing Review, 2007, 29 (1): 45.

[142] DESHARNAIS S, CHESNEY J, FLEMING S. Trends and regional variations in hospital utilization and quality during the first two years of the prospective payment system [J]. Inquiry, 1988, 25 (3): 374-382.

[143] DHAMI S, AL-NOWAIHIA. Corruption and the provision of public output in a hierarchical asymmetric information relationship [J]. Journal of Public Economic Theory, 2007, 9 (4): 727-755.

[144] DRANOVE D, CONE K. Do state rate setting regulations really lower

hospital expenses? [J]. Journal of Health Economics, 1985, 4 (2):
159-165.

[145] DRANOVE D, SATTERTHWAITE M A. The industrial organization of
health care markets [M] // PAULY M V, MCGUIRE T M, BARROS P P.
Handbook of Health Economics. Elsevier B.V. 2000: 1093-1139.

[146] DUETSCH, L. Structure, performance, and the net rate of entry into
manufacturing industries [J]. Southern Economic Journal, 1975, 41
(3): 450.

[147] MARY EM, GARRETT N, LINDQUIST T. The boomers are coming: a
total cost of care model of the impact of population aging on health care
costs in the United States by major practice category [J]. Health Servic-
es Research, 2007 (42): 201-218.

[148] ELLIS R P, MCGUIRE T G. Optimal payment systems for health servic-
es. [J]. Journal of Health Economics, 1990, 9 (4): 375-396.

[149] EVANS R G. Supplier-induced demand: some empirical evidence and
implications [M] // JACOBS P, RAPOPORT J. The Economics of
Health and Medical Care. Basingstroke: Palgrave Macmillan UK, 1974.

[150] FAGAN P J, SCHUSTER A B, BOYD C, et al. Chronic care improve-
ment in primary care: evaluation of an integratedpay-for-performance
and practice-based care coordinationprogram among elderly patients
with diabetes [J]. Health Services Research, 2010, 45 (6p1):
1763-1782.

[151] FEINGLASS J, HOLLOWAY J J. The initial impact of the medicare pro-
spective payment system on U.S. health care: a review of the literature
[J]. Medical Care Review, 1991, 48 (1): 91.

[152] FELDSTEIN P J, WICKIZER T M, WHEELER J R. Private cost con-
tainment [J]. 1988, 318 (20): 1310-1314.

[153] FORD J M, KASERMAN D L. Certificate-of-need regulation and entry:
evidence from the dialysis industry [J]. Southern Economic Journal,
1993, 59 (4): 783-791.

[154] FORD J M, KASERMAN D L. Ownership structure and the quality of
medical care: evidence from the dialysis industry [J]. Journal of Eco-
nomic Behavior & Organization, 2000, 43 (3): 279-293.

[155] FRANK A. SLOAN. Rate regulation as a strategy for hospital cost con-
trol: evidence from the last decade [J]. Milbank Memorial Fund Quar-

terly, 1983, 61: 195-221.

[156] FROUD J , BODEN R , OGUS A , et al. Toeing the line: compliance cost assessment in Britain [J]. Policy & Politics, 1994, 22 (4): 313-324.

[157] GAYNOR M, MORENO-SERRA R, PROPPER C. Can competition improve outcomes in UK health care? lessons from the past two decades [J]. Journal of Health Services Research & Policy, 2012, 17 (s1): 49-54.

[158] GUTERMAN S, DOBSON A. Impact of the medicare prospective payment system for hospitals [J]. Health Care Financ Review, 1986, 7 (3): 97-114.

[159] HELD P J, LEVIN N W, BOVBJERG R R, et al. Mortality and duration of hemodialysis treatment [J]. Jama : the Journal of the American Medical Association, 1991, 265 (22): 29-58.

[160] HELD P J, PAULY M V. Competition and efficiency in the end stage renal disease program [J]. Journal of Health Economics, 1983, 2 (2): 95.

[161] HODGKIN D, MCGUIRE T G. Payment levels and hospital response to prospective payment [J]. Journal of Health Economics, 1994, 13 (1): 1-29.

[162] JOFRE-BONE M. Health Care: Private or Public Provision [J]. European Journal of Political Economy, 2000, 16 (3): 469-489.

[163] JOSKOW P L. Reimbursement policy, cost containment and non-price competition [J]. Journal of Health Economics, 1983, 2 (2): 167.

[164] JOSKOW P L. The effects of competition and regulation on hospital bed supply and the reservation quality of the hospital [J]. Bell Journal of Economics, 1980, 11 (2): 421-447.

[165] JUNOY J P. Managing the conflict between competition and risk selection in health sector reforms [J]. International Journal of Health Planning and Management, 1999, 14: 287-311.

[166] KIZER K W. The "new VA": a national laboratory for health care quality management [J]. American Journal of Medical Quality the Official Journal of the American College of Medical Quality, 1999, 14 (1): 3.

[167] LEFFLER K B. Physician licensure: competition and monopoly in American medicine [J]. Journal of Law & Economics, 2000, 21 (1): 165-186.

[168] LI Y , MALIK V , HU F B . Health insurance in China: after declining in the 1990s, coverage rates rebounded to near-universal levels by 2011 [J]. Health Affairs, 2017, 36 (8): 1452-1460.

[169] LISACA M, REIMERS L, HENKE K-D, et al. Access and choice — competition under the roof of solidarity in german health care: an analysis of health policy reforms since 2004 [J]. Health Economics, Policy and Law, 2010, 5 (1): 31-52.

[170] LUFT H S, MAERKI S C. Competitive potential of hospitals and their neighbors [J]. Contemporary Economic Policy, 2010, 3 (2): 89-102.

[171] MAYO J W, MCFARLAND D A. Regulation, market structure, and hospital costs: reply [J]. Southern Economic Journal, 1989, 55 (3): 559.

[172] MEKEL M L. Emerging issues in health care regulation: protecting patients or punishing providers [J]. Journal of Legal Medicine. 2010, 5 (1): 75-102.

[173] MELNICK G A, WHEELER J R, FELDSTEIN P J. Effects of rate regulation on selected components of hospital expenses. [J]. Inquiry A Journal of Medical Care Organization Provision & Financing, 1981, 18 (3): 240.

[174] MELNICK G A, ZWANZIGER J. State health care expenditures under competition and regulation, 1980 through 1991. [J]. American Journal of Public Health, 1995, 85 (10): 13916.

[175] MELTZER D, CHUNG J, BASU A. Does competition under medicare prospective payment selectively reduce expenditures on high-cost patients? [J]. Rand Journal of Economics, 2002, 33 (3): 447-468.

[176] MITCHELL CJ . Differentiation of host-seeking behavior from blood-feeding behavior in overwintering culex pipiens (diptera: culicidae) and observations on gonotrophic dissociation [J]. Journal of Medical Entomology, 1983, 20 (2): 157-163.

[177] MORRISEY M A, SLOAN F A, MITCHELL S A. State rate setting: an analysis of some unresolved issues [J]. Health Affairs, 1983, 2 (2): 36-47.

[178] NEWHOUSE J P. Erosion of the Medical Marketplace Ended [J]. Journal of Health Politics Policy & Law, 1988, 13 (2): 263-278.

[179] World Health Organization (WHO) .The World Health Report 2008: primary health care-now more than ever [R]. Geneva: WHO, 2008.

[180] ORR D. The determinants of entry: a study of the canadian manufactur-

ing industries ［J］. Journal of Economics. 2001, 56 （1）: 58-66.

［181］ OWEN B M, BRAEUTIGAM R R. The regulation game : strategic use of the administrative process ［M］. Ballinger Pub. Co. 1978.

［182］ Selznick P. "Focusing Organizational Research on Regulation" in R.Noll (ed.), Regulatory Policy and the Social Science ［M］. Berkeley: University of California Press, 1985.

［183］ PELTZMAN S. Toward a more general theory of regulation ［J］. Journal of Law & Economics, 1976, 19 （2）: 211-240.

［184］ PENNY FELDMAN, MARE ROBERT. Magic bullets or seven card stud: Understanding health care regulation. Issues in health care regulation ［C］. New York: McGraw Hill , 1980.

［185］ POSNER R A. Taxation by regulation ［J］. Bell Journal of Economics & Management Science, 1971, 2 （1）: 22-50.

［186］ RAMESH M. Autonomy and control in public hospital reforms in Singapore ［J］. The American Review of Public Administration, 2008, 38 （1）: 62-79.

［187］ REINHARDT U E. Economists in health care: saviors, or elephants in a porcelain shop? ［J］. Am Econ Review, 1989, 79 （2）: 337-342.

［188］ ROBINSON, WILLIAM T . Marketing mix reactions to entry ［J］. Marketing Science, 1988, 7 （4）: 368-385.

［189］ ROEMER M I. Bed supply and hospital utilization: a natural experiment ［J］. Hospitals, 1961, 35 （22）: 36.

［190］ SALKEVER D S, BICE T W. The impact of certificate of need controls on hospital investment ［J］. Milbank Memorial Fund Quarterly Health & Society, 1976, 54 （2）: 185.

［191］ SALKEVER D S, BICE T W. Hospital certificate of need controls: impact on investment, costs and use ［M］. Washington: American Enterprise Institute, 1979.

［192］ SALKEVER D S, BICE T W. The impact of certificate of need controls on hospital investment ［J］. Milbank Memorial Fund Quarterly Health & Society, 1976, 54 （2）: 185.

［193］ SCHNEIDER J E. Changes in the effects of mandatory rate regulation on growth in hospital operating costs （1980-1996） ［J］. Review of Industrial Organization, 2003, 22 （4）: 297-312.

［194］ SHAIN M, ROEMER M I. Hospital costs relate to the supply of beds

[J]. Mod Hosp, 1959, 92 (4): 71-73.

[195] SHLEIFER A. A theory of yardstick competition [J]. Rand Journal of Economics, 1985, 16 (3): 319-327.

[196] STOLE L A. Price discrimination and competition [J]. Handbook of Industrial Organization, 2007, 3 (6): 2221-2299.

[197] VARIAN H R. Price discrimination [J]. Handbook of Industrial Organization, 1989, 1: 597-654.

[198] WHARAM J F, FRANK M B, ROSLAND A M, et al. "Pay-for-performance" as a quality improvement tool: perceptions and policy recommendations of physicians and program leaders [J]. Quality Management in Healthcare, 2011, 20 (3): 234-245.

[199] XINGZHU LIU, YUAN LI LIU, NINGSHAN CHEN. The Chinese experience of hospital price regulation [J]. Health Policy and Planning, 2000, 15 (2), 157-163.

[200] YIP W , HSIAO W . Harnessing the privatisation of China's fragmented health care delivery [J]. The Lancet, 2014, 384 (9945): 805-818.

索引